LA POLÍTICA EN SUSPENSO: 1966-1976

LA POLÍTICA
EN SUSPENSO:
1966-1976

Liliana De Riz

PAIDÓS
Buenos Aires • Barcelona • México

982   De Riz, Liliana
CDD   Historia argentina 8 : la política en suspenso :
1966-1976.- 1ª ed. 2ª reimp.- Buenos Aires :
Paidós, 2010.
208 p. ; 22x15 cm.- (Historia argentina dirigida
por Tulio Halperín Donghi)

ISBN 978-950-12-7708-1

1. Historia Argentina I. Título

1ª edición, 2000
2ª reimpresión, 2010

Cubierta de Gustavo Macri

Reservados todos los derechos. Quedan rigurosamente prohibida, sin la autorización escrita de
los titulares del copyright, bajo las sanciones establecidas en las leyes, la reproducción parcial
o total de esta obra por cualquier medio o procedimiento, incluidos la reprografía y el tratamiento
informático.

© 2000 de todas las ediciones,
Editorial Paidós SAICF,
Av. Independencia 1682/1686, Buenos Aires
e-mail: difusion@areapaidos.com.ar
www.paidosargentina.com.ar

Queda hecho el depósito que previene la Ley 11.723
Impreso en la Argentina - Printed in Argentina

Impreso en Gráfica MPS,
Santiago del Estero 338, Lanús, en marzo de 2010
Tirada: 500 ejemplares

ISBN: 978-950-12-7708-1

ÍNDICE

A Jorge y Lucía

AGRADECIMIENTOS

Agradezco a Ezequiel Gallo por las conversaciones sostenidas sobre los temas de este libro y la inteligencia de sus reflexiones, a Francis Korn por sus sugerencias oportunas y a Jorge Feldman, cuyo apoyo y comentarios en las largas horas consagradas a la lectura minuciosa del texto fueron particularmente valiosos. Por cierto, los errores y omisiones que el lector descubra son responsabilidad exclusiva de la autora.

Trabajé estas páginas en el ámbito del Instituto de Investigaciones Sociales Gino Germani. La realización de las entrevistas y el acceso al material bibliográfico fueron posibles gracias a los subsidios otorgados por la Agencia Nacional de Promoción Científica y Tecnológica y la Universidad de Buenos Aires.

Por otra parte deseo agradecer, junto a la Editorial Paidós, al Centro de Documentación e Investigación de la Cultura de Izquierdas en la Argentina (CeDInCI) por el aporte desinteresado de su archivo. Asimismo, al señor Alfredo Alonso, fotógrafo de muchas de las imágenes que ilustran este texto y donante de aquella institución.

Buenos Aires, noviembre de 1999

I. LA ARGENTINA ORDENADA
MANU MILITARI

1. El frágil orden semiconstitucional

El 28 de junio de 1966, un golpe militar puso fin a la segunda experiencia de gobierno civil emprendida desde el derrocamiento del peronismo, en 1955. Ejecutado con la perfección de una operación largamente planeada, el golpe no encontró resistencias. Nadie podía sorprenderse: se había discutido abiertamente y para la mayoría de los argentinos era un hecho inevitable. La revista *Confirmado*, en su edición del 23 de diciembre de 1965, se había atrevido a fijarle fecha y a imaginar cómo se habrían de desarrollar los acontecimientos. Un desalojo pacífico de los habitantes de la Casa Rosada por parte de las Fuerzas Armadas pondría fin a un gobierno incapaz de conducir al país hacia "su destino de grandeza". No faltó el texto del comunicado a la población ni el anuncio de quién sería el futuro presidente de los argentinos. Un prestigioso jefe militar retirado pocos meses atrás del servicio activo, advertían, habría de asumir el poder del Estado. Nadie dudaba de quién se trataba. El general Juan Carlos Onganía había renunciado a su cargo de comandante en jefe de las Fuerzas Armadas tras un enfrentamiento incidental con el Secretario de Guerra, a mediados de 1965. Su popularidad trascendía entonces el ámbito castrense. Su foto era tapa de las revistas de actualidad *Extra* y *Primera Plana*. Conocido como el general defensor de la legalidad en los sucesos que habían enfrentando a los militares en 1962 y 1963, acreditaba a su favor la fama de haber sabido conducir a las Fuerzas Armadas por la senda de la modernización y el profesionalismo.

Los acontecimientos se precipitaron pero no alteraron el libreto previamente anunciado por *Confirmado*. El ejército ocupó las radios, las televisoras y las centrales telefónicas, y concedió un plazo perentorio al presidente Illia para presentar su renuncia. El doctor Illia no renunció y fue expulsado de la Casa Rosada por un destacamento de policías de la Guardia de Infantería. Escoltado por sus funcionarios y amigos, Illia abandonó la sede de gobierno. Las últimas palabras que dirigió a la tropa policial sonaron premonitorias: "Yo sé que su conciencia le va a reprochar lo que está haciendo. A muchos de ustedes les dará vergüenza cumplir las órdenes que les imparten estos indignos, que ni siquiera son sus jefes. Algún día tendrán que contar a sus hijos estos momentos. Sentirán vergüenza...". Sin embargo, pocos podían entonces atribuir a estas palabras el carácter de una profecía. La debilidad de un presidente, sinceramente convencido de la legitimidad de su mando pese a haber sido ungido con el 25 por ciento de los votos bajo un régimen de proscripción del peronismo, hacía menos gravoso su derrocamiento. Muchos veían en su caída el fin de una legalidad falaz y no podían imaginar que con ese presidente provinciano y parsimonioso, a quien una caricatura de la época representó como un anciano en estado de quietud, con una paloma de la paz posada en su cabeza, se iría también la frágil concordia que había servido de dique de contención de las pasiones que dividían a la sociedad argentina.

El 26 de junio, el escenario estaba montado y el protagonista, preparado para a entrar en escena. La opinión pública había sido hábilmente manipulada por una intensa campaña antigubernamental. Un nuevo tipo de revistas cuyo estilo inauguró la aparición del semanario *Primera Plana*, en 1962, se encargó de construir la imagen negativa del gobierno. Con un formato copiado de *Time* y de *Newsweek* y sostenidos por la publicidad de las grandes empresas nacionales y extranjeras, estos semanarios acercaban la política a la gente, le informaban lo ocurrido en los pasillos del poder y difundían entre los argentinos, ansiosos de conocer los entretelones de la política, nuevas aspiraciones y pautas de consumo. La modernización técnica y cultural iniciada por Frondizi había modificado la estructura social del

país. Una nueva clase gerencial, anunciada con júbilo por *Primera Plana*, como indicador de la modernización en curso, se aseguró un lugar en la economía. Institutos de reciente creación difundían los métodos de las escuelas norteamericanas de administración de empresas y captaban a un sector ávido de asegurarse ingresos cada vez más considerables, que recortaban los de las clases propietarias. Poco antes del golpe, *Primera Plana* publicó un sondeo de opinión según el cual, entre el grupo de los profesionales, el golpe no horrorizaba tanto ni a tantos, como ocurría en otros sectores de la sociedad. Un 40 por ciento eran golpistas contumaces y un 10 por ciento se pronunciaba a favor del golpe a condición de que hubiese una rápida salida electoral. Entre las respuestas que registró el semanario, destacan: "Es preferible que el poder se concentre de una buena vez en una sola mano", "anular las elecciones por diez años es la medida más sabia que puede concebirse, junto con la inhabilitación de los políticos actuales", "debe mantenerse la continuidad del próximo gobierno mediante plebiscitos, votando por sí o por no y no tener que andar optando entre diez listas de candidatos", "el país está viviendo una gran frustración". Los ejecutivos jóvenes, observa el informe, parecen más inclinados a aceptar el golpe que los dueños de empresa, temerosos de lo imprevisible. En esta nueva capa social, existe la creencia de que el gobierno militar permitirá mejorar la eficiencia en la administración pública, una posibilidad que los fascina.[1] Estos testimonios, más allá de la validez de los sondeos de *Primera Plana*, ilustran bien la nueva sensibilidad de una minoría surgida al calor de las transformaciones ocurridas en la sociedad.

En el revolucionado clima moral de las clases medias, engrosadas por nuevos contingentes, los valores tradicionales de la democracia liberal cedieron paso a la exaltación de la eficacia. El eco que el diagnóstico de ineficiencia del gobierno, apoyado en una propaganda masiva, logró en la sociedad argentina de entonces, obedecía a la insatisfacción generalizada con políticas que suponían habrían de prolongar el *impasse* económico y social. Ni la clase trabajadora, identificada con el peronismo, ni los empresarios, nacionales o extranjeros, se reconocían en ellas. Mariano Grondona respondía en un reportaje publicado en *Primera Plana* que "el problema de fondo es la crea-

---

1. *Primera Plana*, 20 de junio de 1966.

ción de un poder político lo suficientemente fuerte o autoritario para absorber los primeros impactos de la gesta económica que, tanto en el caso argentino como en el brasileño, tiene que ser muy dura porque se manejan situaciones ya muy deterioradas. Desde el 7 de julio de 1963, en lo que estamos en Argentina es en una etapa de la lucha por ver quién va a tener ese poder, quién va a mandar todavía en la Argentina. En consecuencia, hasta que (...) alguien no se quede con el poder en forma sólida, con reservas tácticas y estratégicas, no será posible emprender con éxito esa economía estructural".[2] El poder del presidente Illia no era "sólido", no porque fuera escasamente representativo de una sociedad en la que el peronismo estaba proscripto, sino porque, no obstante ese origen, era representativo del equilibrio de fuerzas que desde 1955 habían intentado infructuosamente romper los gobiernos militares y la primera experiencia civil de gobierno semiconstitucional encabezada por Frondizi.

Presidente Arturo Illia en una caricatura de la época.

2. *Primera Plana*, 4 de enero de 1966, pág. 8.

La consigna vaga del cambio de estructuras, percibidas como anacrónicas, había calado hondo en la sensibilidad de los argentinos y se manifestaba como un impulso sin contenido preciso, pero en franco contraste con la gestión de un gobierno caricaturizado como una tortuga. La lentitud, considerada como prueba de la incompetencia, dejó abierto el interrogante acerca de qué dirección debía tomar el anhelado cambio de estructuras. El gobierno de Illia contó, desde su comienzo, con la oposición del movimiento sindical peronista y en la medida en que no representó los intereses del poderoso bloque económico consolidado durante los años de Frondizi, hizo posible la convergencia de una oposición que, en nombre de la eficacia, y con la complacencia de una opinión pública manipulada hábilmente por los órganos de prensa, alentó el golpe militar. Mariano Grondona escribía a comienzos de 1965: "Cuando los órganos normales de poder no funcionan con eficacia –y la eficacia es, lo queramos o no, el nuevo dios de la política contemporánea–, surgen de fuera del gobierno los sectores reales que operan como reservas y que, a menos que su operación sea muy breve y mesurada, terminan por desnivelar el sistema".[3]

El descontento ante un gobierno que alejaba a la Argentina de la senda de la "modernidad", ya sea por su política de mayores salarios reales y empleo; ya sea porque era el resultado de la proscripción de las mayorías o bien por su estilo demasiado gris y provinciano para adecuarse al tono de la época, encontró diversas formas de manifestarse. Una entrevista a la esposa del presidente, publicada por *Primera Plana* en agosto de 1965, con el título "La Señora Presidenta" y su foto en la portada, ilustra bien la campaña psicológica desatada para desvalorizar al gobierno a través de la figura de la primera dama. La entrevista presentó a un ama de casa que sabía hacer de todo, "hasta le arreglo una heladera, si usted quiere", acostumbrada a salir con "un coqueto delantal que me regalaba alguna amiga de las que cosen y bordan muy lindo" y para quien "la mujer nunca debe irse de su hogar". Confrontada a los testimonios que aviesamente le planteaba el periodista, ella sólo atinó a desmentirlos aceptando el juicio de que la mujer tiene que ser coque-

3. Grondona, Mariano: "Balance institucional", *Primera Plana*, 16 de junio de 1964, pág. 5.

ta porque es parte de su femineidad. Esta mujer provinciana, que algunos consideraban mandona, esposa de un médico que se decía que "como médico era un fracaso", rechazó que la llamaran "señora presidenta". Contrastada con la imagen de madame Ivonne De Gaulle, primera dama de Francia, la primera dama de los argentinos decepcionaba a los frívolos lectores de *Primera Plana*. Esta comparación evocaba la que los sindicalistas habían hecho entre Perón y De Gaulle, en ocasión de la frustrada "operación retorno" del general exiliado durante 1964. Entonces, De Gaulle había estado de visita en Argentina y los jefes sindicales no dudaron en lanzar la consigna: "De Gaulle, Perón, un solo corazón". Como Perón, De Gaulle habría de retornar triunfante al país del exilio, para conducir hacia su destino de "grandeza".

Arturo Illia, un respetado político de provincia, había sido ungido presidente en 1963, tras una victoria electoral que sorprendió a todos y gracias al auxilio del voto de partidos menores en el Colegio Electoral. Los radicales del Pueblo habían optado por preservar a su líder histórico, Ricardo Balbín, convencidos de que la alianza Perón-Frondizi saldría victoriosa. Sin embargo, los sucesivos impedimentos legales terminaron por quebrar la coalición armada por Perón y Frondizi, y Arturo Illia obtuvo la mayoría relativa de los sufragios. A este desenlace había contribuido de manera decisiva la candidatura del general Aramburu. Los llamados de Perón y de Frondizi a votar en blanco tuvieron poco eco entre sus seguidores y fracciones importantes del peronismo prefirieron optar por las alternativas que se les ofrecían para cerrar el camino a quien había sido presidente de la Revolución Libertadora y figura emblemática de la restauración autoritaria y antipopular. De este modo, la emigración espontánea de votos peronistas terminó beneficiando a los radicales de Pueblo y a los radicales Intransigentes que desacataron la consigna de Frondizi.

Los resultados de los comicios de 1963 fueron el fruto de una opción forzada. Sin embargo, el estilo moderado y moderador del doctor Illia, en franco contraste con el frontal y fulminante del doctor Frondizi, parecía ajustarse al humor de la sociedad argentina, cansada de tantas frustraciones. Frondizi no había sido "la salida inmediata para la solución que usted desea", como rezaba la consigna de su campaña electoral en 1958. Desde la llegada del peronismo al poder, en 1946, el Partido Radical había canalizado el rechazo que el régimen de Perón despertara en las clases medias y altas. Pero el antiperonismo no se limitaba a la reacción ante la orientación autoritaria del régimen de Perón; expresaba, también, la resistencia a las transformaciones sociales que el líder de los peronistas había concretado en sus dos gobiernos. Poco a poco, el clima de restauración social que animara la Revolución Libertadora de 1955, cedió paso a la idea de que los cambios introducidos por el peronismo eran irreversibles y que, por lo tanto, se imponía atenuar sus consecuencias. El peronismo era una realidad y así lo reconoció Frondizi, primero, y más tarde, el movimiento de los Azules dentro de las Fuerzas Armadas. Illia se comprometió a devolver a la legalidad al movimiento político liderado por Perón y cumplió su promesa: el Partido Justicialista fue legalmente reconocido en 1965 y gozó de una libertad hasta entonces desconocida. Esta audaz apertura no estaba exenta de cálculo político; se esperaba sacar rédito de las contradicciones que atravesaban al movimiento dirigido por Perón desde su exilio en Madrid. El proyecto de un peronismo sin Perón había ganado adeptos entre importantes sectores del sindicalismo y líderes de partidos de origen provincial. Podía conjeturarse que la solución para el *impasse* que había creado la antinomia peronismo-antiperonismo habría de ser la creación de partidos peronistas "modernos", en condiciones de formar parte de un sistema político plural, aceptado por el resto de las fuerzas políticas. La audaz apuesta de Illia no era insensata. La proscripción no había sido un obstáculo para la consolidación del poder político del sindicalismo peronista. Los sucesivos comicios celebrados durante el gobierno radical, habrían de demostrar que la proscripción no era el único medio para impedir la peronización de la sociedad argentina.

La perspectiva de llegar al poder por la vía electoral abrió un compás de espera en el peronismo. Illia pudo comenzar su gestión en el marco de la relativa indiferencia del sindicalismo. Pronto, sin embargo, los jefes sindicales cambiaron de estrategia y optaron por la franca hostilidad hacia el gobierno. En enero de 1964, el secretario general de la CGT declaró que "los recursos legales y constitucionales para encontrar una solución a la situación que padecemos por causa de la ley misma se han agotado... o bien el gobierno hace la revolución que el país necesita, o bien esta revolución la hará el pueblo".[4] Ese mismo mes, la CGT anunció un Plan de Lucha que por su concepción y su concreción se asemejó a una operación cuasi-militar, como observa Torre.[5] Se fueron ocupando a lo largo de varias semanas la casi totalidad de las empresas del país, conforme a un plan que no dejaba mayor iniciativa a los trabajadores. Mientras las ocupaciones de fábricas se llevaban a cabo de manera pacífica, los jefes sindicales insistían en su disposición al diálogo, pero preferentemente con los adversarios del gobierno. El objetivo de la movilización sindical era político: se proponía bloquear el proyecto radical de recortar el poder de las asociaciones obreras mediante reformas a la ley sindical y, simultáneamente, mostrar a los militares y a los empresarios que cualquier arreglo político futuro debía tenerlos como aliados indispensables. La hora de la marginación del sindicalismo peronista había terminado y los jefes sindicales estaban dispuestos a demostrarlo. Durante 1962 y 1963, el sindicalismo no sólo había conservado su poder, sino que había logrado acrecentarlo a través de la recuperación del control de la CGT. Considerado por los militares y por la clase política como uno más de los "factores de poder" en el orden posperonista, el gobierno de Illia les proveyó el marco en el cual desplegaron su nueva estrategia política. Cumplidas las etapas del plan de lucha, recurrieron a la vieja consigna del regreso de Perón. Hacia agosto de 1964, el retorno del líder de los peronistas, una carta más en el juego de asedio a la administración radical, pasó a ser el centro de atención de todos. Frustrada la "operación retorno" –el avión de Iberia en el que el general exiliado viajaba rumbo a Buenos Aires no fue autorizado a continuar su viaje desde Río de Janeiro– los jefes sindicales creyeron llegado el momento de poner fin a una obediencia que ponía en peligro el lugar que habían conquistado en el orden político posperonista. Sin embargo, no lograron la anhelada emancipación de su jefe político. En los comicios celebrados en la provincia de Mendoza para elegir gobernador, en abril de 1966, Ernesto Corvalán Nanclares, un oscuro candidato apoyado por Perón, logró vencer a Alberto Serú García, el candidato de los jefes sindicales.

4. Declaraciones hechas el 13 de enero de 1964. Véase CGT, Boletín informativo semanal, 2º año, nº 44, págs. 10-13.

5. Torre, Juan Carlos: *Los sindicatos en el gobierno peronista 1973-1976*, Buenos Aires, Centro Editor de América Latina, 1983, pág. 33.

El gobierno pagó el precio de haber abortado el regreso de quien era el factor aglutinante del peronismo con renovadas huelgas y demostraciones obreras, decidido a continuar eludiendo el enfrentamiento con el movimiento obrero. El ex presidente Frondizi había expresado ya en marzo de 1964 la idea de que Illia permanecía atado a arcaicos métodos de trabajo que le impedían afrontar los problemas de la modernización, y esta idea reflejaba la opinión entonces predominante.[6] La política como negociación pacífica de los conflictos y transformación gradual de la economía y de la sociedad por el camino de las reformas, chocaba con la visión de la modernización como un proceso para cuyo logro todos los medios eran válidos. Frondizi llevó más lejos su oposición facciosa y llegó a acusar al gobierno de haber tramado una conjura para asesinarlo.

Mientras la actitud del radicalismo del Pueblo hacia el peronismo representaba una innovación en la política argentina, el programa económico del gobierno, en cambio, se mantuvo fiel a la tradición. Las banderas inscriptas en la plataforma del Partido desde mediados de la década del cuarenta –el nacionalismo, la distribución de ingresos y el intervencionismo estatal– fueron las claves del programa de la UCRP. En franco contraste con la política de Frondizi, Illia anuló los contratos firmados con las compañías petroleras internacionales. Decidido a motorizar el proceso de recuperación de la economía a través del aliento al consumo privado –en 1960-1961 la inversión, financiada con recursos externos había desempeñado ese papel– el gobierno radical incrementó el crédito bancario al sector privado en interés de una masa de consumidores predominantemente urbanos; disminuyó la carga de las deudas contraídas con los empleados públicos y los proveedores estatales; canceló los atrasos en las transferencias federales a las provincias; aumentó los salarios y sancionó una nueva ley de salario mínimo y móvil.

El producto bruto interno creció un 8 por ciento en 1964 y 1965; la industria lo hizo en un 15 por ciento y el desempleo se redujo a la mitad. El crecimiento de las exportaciones gracias al continuo ascenso de los precios, pero sobre todo al aumento del volumen de la producción –entre 1963 y 1966 la producción agrícola aumentó más del 50 por ciento– despejó los temores sobre la balanza de pagos.

6. Véase *Primera Plana*, 24 de marzo de 1964, págs. 20-24.

Pese a los logros económicos de una política orientada a atenuar los conflictos, la tregua tácita que acompañó a su instalación en el poder tuvo una corta vida. El Partido Radical no tenía arraigo ni en las organizaciones de los trabajadores ni en las organizaciones empresarias. Tampoco parecía preocupado frente a esta debilidad, aunque algunas voces dentro del partido advirtieran sobre los peligros que acarreaba la falta de apoyos sindicales y empresarios. Illia prefirió gobernar solo. Los partidos menores que le habían dado su apoyo en el Colegio Electoral, pronto descubrieron que no obtenían a cambio ninguna recompensa. Esta política de aislamiento se extendió a la relación con los jefes militares victoriosos tras los enfrentamientos armados de 1962 y 1963. Los vencidos, el sector de los Colorados, eran los aliados del partido en el gobierno, pero por una vuelta de tuerca de la política, el radicalismo había llegado a la presidencia gracias a la acción de los Azules. Illia se resignó a aceptar la orientación militar dominante, sin intentar modificarla ni probar un acercamiento con las altas jerarquías del Ejército Azul.

El dilema de qué hacer con el peronismo frente al horizonte electoral de 1967, se planteaba en un contexto signado por la creencia extendida de que el país estaba económicamente estancado. No habría "despegue", se creía entonces, sin una conducción centralizada y eficiente. Esta visión formaba parte del clima de ideas de la década. Los años '60 fueron tiempos de una conciencia generalizada del atraso económico como destino al que sólo podía oponérsele una "revolución", entendida como ruptura con las formas tradicionales de gestión de la democracia política. Este diagnóstico, compartido por la derecha y por la izquierda del espectro político, tuvo un amplio eco en una sociedad que había visto frustrarse las expectativas de la nueva Argentina prometida por el doctor Frondizi a fines de los años '50. Poco importó que los dos años completos de la administración radical (1964 y 1965) hubieran registrado una recuperación económica con pocos antecedentes en todo el siglo, una disminución del gasto público en relación con el Producto Bruto Interno y una reducción del déficit presupuestario. Cuando a mediados de 1965 la inflación se acercaba al 30 por ciento anual, las tendencias negativas de la economía se acentuaron como resultado de la carencia de respaldo al plan de estabilización intentado por el gobierno. Sin mayoría propia en el Congreso tras la derrota electoral en las elecciones de renovación parcial de la Cámara de Diputados de 1965, el gobierno no contó con el aval de los otros partidos menores para sancionar las leyes impositivas destinadas a sanear las finanzas públicas. En las elecciones de las legislaturas provinciales que precedieron a los comicios legislativos nacionales, los radicales del Pueblo habían logrado vencer en Formosa, La Rioja y Córdoba. El optimismo del gobierno, sin embargo, fue desmentido por los resultados de los comicios para elegir diputados nacionales. Los diputados peronistas pasaron de 17 bancas, originalmente ocupadas por políticos neoperonistas, a ocupar 52. De este modo, se convirtieron en la segunda fuerza institucional. El resto de los partidos, incluida la UCRP, perdió bancas. Pocos comentaristas señalaron que el oficialismo había incrementado sus votos del 25 al 29 por ciento. Tampoco prestaron atención al hecho de que en elecciones competitivas, alrededor de dos tercios del electorado se pronunciaba por partidos no peronistas y aproximadamente un tercio del electorado, votaba a pequeños partidos que no representaban ni al gobierno ni al peronismo. Mariano Grondona se preocupó por señalar que "la opinión pública extrajo de esos comicios la idea de que la polarización es insuficiente para establecer un equilibrio razonable entre el peronismo y el oficialismo".[7]

La crítica generalizada a los partidos y a la democracia electoral, acusados de no representar a los factores reales de poder de la sociedad argentina, las reanudadas presiones de los asalariados del sector público y privado, y la resistencia del mundo de las grandes empresas que no vaciló en acusar al gobierno de "demagogia fiscal" y "dirigismo económico", dejaron al gobierno a la espera de un desenlace anunciado, cuyo rumbo no podía ya torcer. Mariano Grondona advertía desde su columna de *Primera Plana*: "Si las elecciones de 1967 se anuncian con rasgos similares a las de 1965, la legalidad corre peligro: el país político trabaja sobre la base de este axioma".[8] Cuando a fines de 1965 la actividad económica comenzó a decaer, –reanudando el "ciclo de marchas y contramarchas" que a lo largo de los últimos quince años había trabado el crecimiento económico de la Argentina– la escalada de huelgas, las tomas de fábricas en nom-

7. Grondona, Mariano: "Vaticinios", *Primera Plana*, 31 de julio de 1965.
8. Ibíd.

bre de un programa de expansión económica más atractivo para los empresarios que para los trabajadores, y las primeras apariciones de la guerrilla, configuraron un panorama que se ajustaba bien a las profecías. El respeto a la ley y las elecciones periódicas parecían entonces demasiado poca cosa para ahuyentar el fantasma de la recesión y de la decadencia. Poco importó que a lo largo de 1965 disminuyera la frecuencia de los actos de violencia y se desarticularan los grupos guerrilleros. En el libre ejercicio de la actividad intelectual y la libertad sexual, los militares veían la semilla de la subversión de los valores occidentales y cristianos. En nombre de la economía y de la moral, imbricadas en un mismo razonamiento, los militares habrían de encontrar la justificación de una nueva intervención.

La proximidad de las elecciones revivía el escenario que había llevado al derrocamiento de Frondizi. Los resultados de los comicios para elegir gobernador en la provincia de Mendoza habían consagrado al candidato del Partido Demócrata; sin embargo, el candidato de Perón superó en votos al de la UCRP. A ello había contribuido la estrategia del gobierno que, con la esperanza de limitar el triunfo del partido apoyado por los jefes sindicales, no puso trabas a la campaña orquestada por Perón desde su exilio. Por el contrario, le otorgó al partido de Corvalán Nanclares el derecho exclusivo a utilizar el nombre de Partido Justicialista y no interfirió el viaje que la esposa del caudillo realizó entonces con la misión de neutralizar la influencia de los sindicalistas encabezados por Augusto Vandor. Dos días antes de las elecciones, Illia fue más lejos y permitió que las radios y la televisión mendocina emitieran, por primera vez desde 1955, un mensaje de Perón convocando a sus seguidores a votar por su candidato. Esta medida poco se conciliaba con la imagen del presidente prudente y parsimonioso que difundía la propaganda. El líder de los peronistas se ocupó en subrayar que "Hay que pegar duro y a la cabeza de Vandor. Yo no me opongo a que viejos peronistas hagan política, pero si tienen edad para ponerse los pantalones largos es mejor que no usen mi camiseta".[9] Con la anuencia del gobierno radical, Perón volvía a ser el protagonista abierto de la política argentina.

9. *La Nación*, 17 de abril de 1966. Esos comicios habían sido cuidadosamente planificados por el gobierno ya que en ellos se ponía a prueba su estrategia de integrar al peronismo sin Perón. Una convención constituyente reemplazó el siste-

Los militares pudieron aparecer como una solución menos temible que la decadencia y el caos a los que la sociedad se creía entonces condenada. Que esta imagen fuera poco fiel a los datos de la realidad poco importaba. Entonces, la política entendida como vigencia de las instituciones democráticas no era la clave para lograr sacar al país del atraso. Los partidos políticos eran considerados instituciones arcaicas, mal preparadas para afrontar los desafíos que acarreaba la empresa modernizadora, tanto por la derecha del espectro político como por la izquierda.

El editorial titulado "La era de los militares", aparecido en el Cuaderno nº 68 de la revista uruguaya *Marcha*, de marzo de 1973, refleja el clima de ideas y los debates de la izquierda de entonces: "En 1966, unos amigos de Buenos Aires, a poco de la ascensión de Onganía, vinieron a Montevideo. Discutimos con ellos duramente. Eran y son militantes auténticos y probados, pero la ofuscación y el afán de desquite los cegaba. Recordamos que nos repetían hasta el cansancio, razones y expresiones que ahora extrañamente hemos vuelto a oír. A la basura con los formalismos democráticos, nos decían, en síntesis; todo eso ha muerto; es el legado del podrido liberalismo del siglo XIX; Argentina necesita una revolución nacional; Onganía la hará porque no tiene otra salida..."

Las izquierdas descreían de la democracia política; el radicalismo del Pueblo y sus aliados habían contribuido a legitimar una democracia a medias, basada en la proscripción del peronismo, y esa conducta restaba crédito a su apuesta democrática; la derecha no había podido organizar un partido político capaz de plasmar sus heterogéneas aspiraciones. Esa combinación de circunstancias generó una convergencia en los diagnósticos sobre la inevitablidad o bien sobre la conveniencia del golpe.

Las Fuerzas Armadas se hicieron eco de los temas de la propaganda contra el gobierno y su comandante en jefe no vaciló en servirse de ellos para armar una provocación. En su discurso del 29 de mayo, el general Pistarini repitió los argumentos críticos ante el presidente Illia. Sin embargo, el presidente no lo sancionó. A esa al-

---

ma de elección directa por otro, indirecto, que habría de facilitar a radicales y demócratas mendocinos unir sus fuerzas en el Colegio Electoral para evitar, en caso de ser necesario, el triunfo del peronismo.

tura, ninguna medida de Illia hubiera impedido su caída, a lo sumo, la hubiera precipitado. Los rebeldes vieron frustrada la ocasión de actuar, pero la teoría del "vacío de poder" fue ganando más adeptos entre los civiles. Desde su columna en *Primera Plana*, Mariano Grondona proporcionaba fundamentos a esta teoría, al afirmar: "Que un edecán pueda criticar al presidente sin recibir más que un castigo simbólico; que unos obreros ocupen una fábrica y puedan retener contra su voluntad a quienes tienen posiciones de mayor jerarquía en la empresa; que unos estudiantes no reciban sanción por su atrevimiento al interrumpir un acto al que asisten las más altas autoridades de la República (...) comprometen la base fundamental de nuestro sistema de valores: la idea de que el superior merece respeto y de que quien se iguala a otro en aquello en que es no-igual, debe sufrir las consecuencias (...) A veces se confunde, así, democracia con democratismo".[10]

¿Cómo colmar ese vacío que deja la debilidad de la autoridad? La respuesta se buscó en la exaltación de las virtudes de las Fuerzas Armadas, única institución que por su organización, sentido de unidad nacional y manejo de la fuerza, se creía que estaba a la altura de la nueva misión de sacar al país del atraso y de la ficción de legalidad en que vivían los argentinos.

El significado y los alcances de este golpe contrastan con las intervenciones militares precedentes. Ya no se trataba de tomar el poder para buscar una salida electoral: había que fundar una nueva Argentina, la empresa fallida del frondizismo. Ante un gobierno debilitado, sacudido por el Plan de Lucha lanzado por la CGT, el temor de que demasiada libertad desembocara en el temido retorno del peronismo y sirviera de caldo de cultivo para el izquierdismo, los militares se sintieron convocados para transformar la economía y la sociedad argentina. Las columnas de *Primera Plana* prepararon la Revolución Argentina matizando las profecías entusiastas de Mariano Grondona con el beneplácito hacia otras revoluciones políticas y culturales de signo muy distinto y lograron captar un público fiel entre militares y civiles.

El sindicalismo vio en el golpe militar un camino abierto hacia el poder. Tras la caída de Perón, en 1955, habían convivido en el sin-

10. *Primera Plana*, 3 de noviembre de 1965, pág. 7.

1967: —¿Esta es una región de la Luna?
—No, es la República Argentina. Lo que pasa es que todos estamos tratando de salir del pozo.

"*Plax*", *humor en* Primera Plana.

dicalismo fuerzas muy heterogéneas. En las provincias más atrasadas, el peronismo había logrado conservar su base policlasista, conducido por dirigentes de tradición conservadora. Los jefes políticos locales mantuvieron la retórica peronista pero se sometieron al orden posperonista, tomando distancia de las cambiantes directivas de Perón. En las zonas más modernas y urbanas del país, el peronismo sólo conservó el apoyo de la clase obrera y su fuerza provino de ser la única organización sobreviviente al derrumbe político de 1955. Entre 1956 y 1959, débil y marginado, el sindicalismo optó por una estrategia de estímulo a la acción de las masas obreras. A partir de entonces, cambió su rumbo y privilegió los paros generales en los que lo que contaba era la eficacia de la organización. Los dirigentes sindicales comprendieron que sólo podían reforzar su posición en estrecha asociación con los centros de poder. Este curso de acción los llevó a desoír las directivas de Perón, para quien el objetivo principal era desestabilizar cualquier fórmula de gobierno elaborada por sus adversarios. De este modo, prefirieron adoptar la lógica de golpear primero, para negociar después: una estrategia paralela a la de buscar aliados entre los descontentos del gobierno. Augusto Vandor, jefe del sindicato metalúrgico, fue quien encarnó mejor el nuevo estilo adoptado. Interlocutor de empresarios, militares y políticos, se consagró como líder de las 62 Organizaciones. Como lo ha mostrado Daniel James, esta adaptación a un sindicalismo de negociación más que de protesta, además de ensanchar el margen de acción de los dirigentes respecto de sus bases, les prometía un lugar reconocido por todos como legítimo en el sistema político argentino.[11]

Al cabo de una década, numerosos sindicalistas llegaron a la conclusión de que era el momento de emanciparse de la tutela de Perón, principal obstáculo para el logro de su incorporación al sistema de poder vigente. Ésta fue la estrategia de Augusto Vandor, quien buscó insertar al sindicalismo a través del proceso electoral. Sin embargo, los resultados de los comicios para elegir gobernador en la provincia de Mendoza mostraron que la competencia política no era un terreno en el que pudieran liberarse de esa tutela. La alianza radical-conservadora se impuso en las elecciones, pero el candidato de Perón aventajó al respaldado por Vandor y los jefes sindicales rebeldes. Este resultado dejó en claro que el liderazgo político de Perón, "cansado de tanta felonía política", seguía en pie y que el peronismo, unido detrás de su líder, era invencible. La conclusión a la que algunos arribaron fue que sólo suprimiendo las elecciones periódicas podía asegurarse la continuidad del orden posperonista. El golpe militar, al abrir al sindicalismo un horizonte de acción en el que habían aprendido a desenvolverse con comodidad, hizo realidad esa apuesta.

Los caudillos provinciales neoperonistas hicieron otra hipótesis de futuro: una salida electoral negociada con los militares, de la que se excluyera a Perón, era la alternativa para consolidar un partido peronista capaz de conducir los destinos del país.

Para los integrantes del Movimiento Revolucionario Peronista, el golpe significaba el abandono de la situación de semilegalidad en la que se encontraban y el encauzamiento del peronismo por la vía de la lucha armada; un camino que creían habría de conferirles la conducción de esa fuerza justicialista.

Las esperanzas en un gobierno militar se vieron alentadas por el entusiasmo que despertó en algunos sectores de la izquierda el régi-

---

11. James, Daniel: *Resistencia e Integración. El peronismo y la clase obrera*, Buenos Aires, Sudamericana, 1990.

men nasserista. Una dictadura militar progresista apoyada en las organizaciones sindicales podría ser la solución al atraso y la injusticia social. Poco importó que en Argentina no hubiera sectores políticamente vírgenes como aquellos que el nasserismo supo movilizar en pos de la modernización. Las Fuerzas Armadas aparecían como el agente del cambio para los nacionalistas de izquierda y de derecha. Ambos polos del espectro nacionalista compartían lo que fue el rasgo distintivo de las distintas vertientes del nacionalismo argentino desde sus orígenes en la década del '20: la imposibilidad de plasmar sus ideas en la realidad política. Un caudillo militar vendría a concretar sus propuestas.[12] Mientras la izquierda se nutría del ejemplo nasserista, la derecha acogía la doctrina de la Seguridad Nacional encarnada por los militares brasileños.

Intelectuales que habían estado vinculados al sector de los Azules, políticos a los que los avatares del país habían dejado sin sustento popular como el ex presidente Arturo Frondizi y el ex gobernador Oscar Alende, y dirigentes políticos y gremiales peronistas, promovieron el golpe y le dieron la bienvenida a Onganía. Perón, desde su exilio en Madrid, envió la consigna "Hay que desensillar hasta que aclare" y esbozó la estrategia de esa tregua en una carta al Comando Superior Peronista en la que decía: "El gobierno militar, surgido del golpe de Estado del 28 de junio, ha expresado propósitos muy acordes con los que nosotros venimos propugnando desde hace más de 20 años. Si estos propósitos se cumplen tenemos la obligación de apoyarlos (...) Nosotros queremos que se trabaje para el bien del país, en primer término; que se haga justicia al movimiento peronista, en segundo; y que sus hombres sean tratados en la medida en que lo merecen, en tercero". En contraste con la interpretación del líder exiliado, John William Cooke, un talentoso político a quien Perón había designado como su delegado en 1956, manifestó sus ideas en una comunicación que, bajo el título "El peronismo y el golpe de Estado", dirigió a las bases del movimiento peronista. En ella afirmaba: "No es verdad que las Fuerzas Armadas intervinieron en última instancia, ante una situación anárquica. Ellas eran el factor principal de esa anarquía, pues no solamente

12. Véase Piñeiro, Elena: *La tradición nacionalista ante el peronismo. Itinerario de una esperanza a una desilusión*, Buenos Aires, A-Z Editora, 1997.

constituían una amenaza permanente para el gobierno, sino que toda la política estaba condicionada por esa circunstancia. Los partidos y los grupos opositores predicaban el golpe y actuaban en una forma que trataba de aumentar las apariencias caóticas de la situación nacional porque sabían, como todo el mundo, que se podría jugar esa carta con muchas probabilidades de acertar".[13] Al igual que su posición política, ésta era una visión minoritaria.

2. Un general a medida

El golpe fue acogido por los más variados sectores sociales como una esperanza de renovación y fortalecimiento de una Argentina supuestamente estancada y demasiado gris para los parámetros de una década afiebrada. El general Onganía se perfilaba como el caudillo que muchos creían que la Nación necesitaba. "En las jornadas de setiembre de 1962 surgió algo más que un programa, una situación militar o una intención política: surgió un caudillo", decía Mariano Grondona en su columna de *Primera Plana* del día 30 junio. ¿Era Onganía el "déspota ilustrado" que podía conducir a la Argentina a su destino de grandeza? No pocos habrán dudado de la capacidad de este general sin experiencia política ni sólida formación intelectual. Sin embargo, la parquedad –un rasgo de su carácter recurrentemente destacado– fue exaltada como una virtud en quien ocuparía la jefatura del Estado. ¿Acaso ignorar los pensamientos de quien conduce los destinos de la Nación hizo posible mantener la cuota de misterio necesaria para alimentar ilusiones de variada índole? Muchos habrán confiado en su probada capacidad de mandar a las tropas en la esperanza de disciplinar un conflicto político cuya clave era la capacidad del peronismo de sobrevivir a la proscripción y la imposibilidad de integrarlo en el sistema político, en términos aceptables para las demás fuerzas políticas, como lo recuerda Tulio Halperin.[14] El general Onganía era

13. Citado en Selser, Gregorio: *El Onganiato*, Buenos Aires, Carlos Samonta Editor, 1973, pág. 5. Cooke fue el principal exponente de la posición que intentó identificar al peronismo con el castrismo.
14. Halperin Donghi, Tulio: *Argentina. La democracia de masas*, Buenos Aires, Paidós, 1972.

un tropero, duro y autoritario. Comandante del sector del Ejército bautizado como "los Azules" tras los enfrentamientos que culminaron en hechos de guerra, en setiembre de 1962, Onganía se había transformado en el abanderado de la legalidad. A esta visión contribuyó el gobierno de Guido, quien al declarar rebeldes al sector de "los Colorados", legitimó la acción de los Azules –básicamente oficiales de caballería y artillería–, otorgándoles el título de guardianes de la Constitución.[15] A partir de entonces, los azules fueron percibidos como la fuerza que el país necesitaba para dar orientación a un movimiento político que se resistía a desaparecer y conducir unas Fuerzas Armadas que, gracias a la purga que había pasado a retiro a un gran número de oficiales Colorados, se presentaba como un ejército profesional del que la política sería definitivamente desterrada. El clivaje entre "legalistas", partidarios del profesionalismo prescindente de las Fuerzas Armadas, y "gorilas", partidarios de la proscripción perpetua del peronismo, reflejaba las diferentes estrategias hacia el peronismo en el seno de la corporación castrense. Los Azules o "legalistas" eran también antiperonistas, pero consideraban al peronismo como una fuerza nacional y cristiana que había hecho posible salvar a la clase obrera del peligro comunista. Los Colorados o "gorilas", en cambio, veían al peronismo como un movimiento clasista, sectario y violento, que inevitablemente abriría las puertas al comunismo.

El intento de estructurar un frente político que incluyera a sindicalistas, empresarios y militares, impulsado por Rodolfo Martínez desde el gobierno con el visto bueno de políticos provenientes de la democracia cristiana, del nacionalismo y del desarrollismo, fracasó. El reconocimiento oficial de la Unión Popular, un partido que se había creado en 1955 y ahora se reclamaba representativo del justicialismo, antes que de Perón, era una pieza clave en la estrategia de construcción del Frente Nacional y Popular. La UCR denunció la maniobra frentista "de políticos sin votos" y la oferta

---

15. José María Guido había llegado a la presidencia tras el derrocamiento de Frondizi conforme a lo previsto por la Ley de Acefalía. Rodolfo Martínez, ex ministro de Defensa de Frondizi, pasó a ocupar la cartera de Interior y desde allí desplegó un plan destinado a la progresiva incorporación de los peronistas a la vida política, retomando la línea iniciada por Frondizi. El triunfo de los Azules reanimó el hasta entonces frustrado plan de Martínez.

de la candidatura presidencial a Onganía. El fracaso de esta estrategia no sólo obedeció a la desconfianza mutua de sus eventuales integrantes, y a la oposición del radicalismo del Pueblo y de vastos sectores del peronismo. Fue decisiva en ese desenlace la falta de consenso entre los militares azules hacia la candidatura presidencial de Onganía. ¿Acaso esta resistencia obedecía a la sincera convicción de los Azules de que el ejército debía prescindir de la política, como sostiene Roth?[16] Que ése haya sido el camino elegido por los Azules se explica mejor a la luz del clivaje que dividía a los militares y que pronto habría de estallar con la sublevación de la Marina. Los jefes del Ejército Azul decidieron devolver a los civiles el gobierno para replegarse a la misión específica de mejorar el nivel de profesionalidad y restablecer la autoridad erosionada por las disidencias políticas.

El movimiento Azul había hecho explícito su objetivo político de luchar por la normalización constitucional proclamada en el comunicado 150 de su comando. Ese comunicado, redactado por Mariano Grondona y el coronel Aguirre, exigía la convocatoria a elecciones libres, sostenía que las Fuerzas Armadas no deben gobernar y sí someterse al poder civil, garantizar este pacto constitucional y la incorporación a la vida nacional de todos los sectores auténticamente argentinos.[17] Este texto era una novedad ya que, hasta entonces, los conflictos militares habían invocado razones de orden estrictamente castrense. "Aquel comunicado 150 creó una ilusión musical entre el infernal estallido de los proyectiles disparados por los cañones, el estallido de las bombas arrojadas por la aviación naval y el siniestro chirrido de las cremalleras de los tanques de Magdalena. En medio del fragor entre «azules y colorados», el comunicado precisaba una posición que sugería la síntesis ideológica que desde hacía mucho tiempo esperaba el pueblo argentino (...) no fueron pocos los dirigentes sindicales que se dieron a la tarea de comunicarse con López Aufranc, el jefe de los «blindados» (...) los más optimistas trazaban una semejanza entre él y el legendario «zorro del desierto» alemán,

16. Roth, Roberto: *Los años de Onganía*, Buenos Aires, Ediciones La Campana, 1980, pág. 23.

17. Grondona Mariano: "Por qué escribí el comunicado 150", *Extra*, octubre de 1969.

mariscal Rommel", afirma Gazzera.[18] Sin embargo, esta preocupación de los legalistas por la búsqueda de una salida democrática habría de tener corta vida. Los nuevos enfrentamientos de abril de 1963, esta vez, entre la Marina y el Ejército, terminaron por convencer a los Azules de que la empresa democrática estaba plagada de amenazas y se pronunciaron a favor de la proscripción del peronismo. La fórmula Matera-Sueldo fue proscripta a último momento y la candidatura de Vicente Solano Lima, un dirigente conservador que había abandonado su partido para acercarse al peronismo, terminó en la dispersión del voto de peronistas y frondizistas hacia las dos ramas del radicalismo.

Cuatro años después, Onganía habría de ser el titular indiscutido del nuevo gobierno instalado por las Fuerzas Armadas, "favorecido por su parquedad, probada decisión y alto prestigio entre los Azules".[19] La imagen de Onganía, hombre fuerte de un ejército profesional, defensor de la legalidad y comprometido con la forma de gobierno constitucional, había ganado popularidad. La "doctrina de Westpoint", que el general Onganía había expuesto en 1965, en oportunidad del discurso que pronunció como invitado en la Academia Militar de Westpoint, contribuye a explicar las nuevas ideas de la seguridad nacional que cobraron fuerza en la corporación castrense. En la formulación de la "doctrina de Westpoint" se advierte la presencia del escenario internacional modificado por la Revolución Cubana. Estados Unidos ya no cuestionaba las soluciones autoritarias, por el contrario, estaba dispuesto a apoyarlas para combatir al peligro comunista en América Latina. De acuerdo con la doctrina de la Seguridad Nacional abrazada por Onganía, las Fuerzas Armadas argentinas deberían defender la legalidad hasta un cierto límite: ese límite estaba fijado en el momento en el que el libre juego de las instituciones constitucionales amenazara las instituciones fundamentales de la Nación y su estilo de vida occidental y cristiano.[20] Desde es-

18. Gazzera, Miguel, en Andrew Graham-Yooll: *Tiempo de tragedia. Cronología de la Revolución Argentina*, Buenos Aires, Ediciones de la Flor, 1972, pág. 9.

19. Gazzera, Miguel, ob. cit., pág. 9.

20. Las relaciones de los militares argentinos con el sistema militar americano no eran particularmente calurosas, sobre todo si se toma como punto de comparación las relaciones que Brasil mantuvo con ese sistema. Los militares argentinos no sólo no habían participado junto a Estados Unidos en la Segunda Guerra Mundial,

ta perspectiva, los militares legalistas tendrían derecho a intervenir cuando entendieran que la situación les reclamaba defender a la Constitución. Cuando éste fuera el caso, ellos habrían de ser los artífices del nuevo orden. Esta doctrina, que desdibujaba los ámbitos de competencia militar y civil, venía a servir al propósito que había inspirado a la tradición nacionalista y católica de las Fuerzas Armadas, de crear la sociedad ordenada, jerárquica y corporativa, que el lenguaje eclesiástico denomina integrismo. La misión de "brazo armado de la Constitución" presentada por Onganía en Westpoint, era también una empresa religiosa. Los Cursos de la Cristiandad a lo largo de los últimos quince años habían enriquecido esta concepción, cuyas raíces ideológicas se hunden en el pensamiento conservador del siglo XIX de filósofos como de Maistre y de Bonald. Los militares "cursillistas" se sentían convocados para una cruzada en defensa del orden cristiano amenazado por el comunismo, aunque el peronismo había sido decididamente anticomunista. Coherente con este objetivo, buscaron constantemente entre sus cuadros al caudillo revolucionario que pudiera plasmar una suerte de paternalismo autoritario capaz de conducir a las masas trabajadoras, pero sin darles ninguna participación en el poder. Para ellos, la democracia era un peligro, un fenómeno de igualdad social y mandato mayoritario que desembocaba necesariamente en la demagogia. La experiencia peronista les había dado pruebas de que no se equivocaban. Una dictadura benévola, en cambio, habría de hacer realidad sus aspiraciones de disciplinar a las masas trabajadoras mucho mejor que un gobierno sometido a los avatares de las elecciones.

---

sino que hicieron manifiesta su simpatía por la Alemania nazi y la Italia fascista. Acogieron con frialdad la victoria de los aliados. Recién en 1949, Perón decidió unirse al campo de los vencedores y ratificar los tratados de Río (1942, fundación del TIAR) y de Bogotá (1948, creación de la OEA). Argentina fue el último país latinoamericano en firmar un acuerdo bilateral con Estados Unidos para ingresar en el programa de ayuda militar (1964) y por lo tanto, el último en recibir una misión militar americana. También fue el primero en independizarse de ese programa para comprar armamentos en Europa en el marco del "Plan Europa" de 1967, durante el gobierno de Onganía. La influencia militar europea tenía larga data. Las Fuerzas Armadas argentinas mantuvieron un estrecho y permanente contacto con las Fuerzas Armadas francesas, que les aportaron la estrategia de la guerra contrarrevolucionaria ensayada en Argelia.

Circularon rumores, no probados, de que Onganía era cursillista. Fuera esto cierto, o no, las ideas del cursillismo, bajo la influencia ejercida por el padre Grasset, propiciaron una mística mesiánica que tiñó la gestión de Onganía. La teoría de las fronteras ideológicas, a la que Onganía adhirió en un discurso pronunciado en Brasil, poco después de su estadía en Westpoint, otorgaba un nuevo significado al nacionalismo: la nación no es sólo un territorio a defender contra las fuerzas armadas extranjeras, es un conjunto de valores, creencias, instituciones y una religión. La misión de los militares se inscribía así en una política continental que era, a la vez, una cruzada religiosa en defensa de los valores occidentales y cristianos. Mientras el contexto internacional contribuía a dar dramaticidad a la lectura que de la realidad hacían los militares, la realidad local se encargaba de estimular esos temores. Un primer foco guerrillero en la provincia de Salta, en 1963, pareció confirmar la idea de que el fantasma de otra Cuba se cernía sobre el país.

La imagen de Onganía creció en popularidad apoyada en una propaganda eficaz. El golpe militar en ciernes revestía un carácter benigno, capaz de atenuar las consecuencias de cambios percibidos como peligrosos. Su misión también habría de ser novedosa respecto de la tradición de golpes militares: tenía que terminar con lo que se denominaba una "legalidad falaz", restaurar la unidad nacional perdida por el imperio de las pasiones que dividían a la sociedad argentina y modernizar el país; requisitos indispensables para el logro del bienestar general y de lo que los militares denominaron una "auténtica democracia representativa". Esta empresa no tenía plazos, sólo objetivos. Desalojar a Illia del poder no era solamente desactivar un riesgo grave de izquierdismo o de populismo, encarnado en el peronismo y en una nueva izquierda formada en la revalorización del peronismo y el impacto de la Revolución Cubana. Era, además, el camino para poner en marcha un nuevo proyecto que reemplazara al caduco puesto en marcha a fines del siglo XIX . El "Mensaje de la Junta Revolucionaria al Pueblo Argentino" lo decía expresamente: "Hoy, como en otras etapas decisivas de nuestra historia, las Fuerzas Armadas, interpretando el más alto interés común, asumen la responsabilidad irrenunciable de asegurar la unión nacional y posibilitar el bienestar general, incorporando al país los modernos elementos de la cultura, la ciencia y la técnica, que al operar una transformación substancial, lo sitúen donde le corresponde por la inteligencia y el valor humano de sus habitantes y la riqueza que la providencia depositó en su territorio".

El general Osiris Villegas, uno de los jefes militares del golpe, que poco después habría de ocupar la Secretaría del Consejo Nacional de Seguridad, organismo clave en el nuevo diseño institucional, escribía entonces: "Estamos viviendo la finalización del período de transición del país agrícola-ganadero, de estructura armónica dependiente, hacia el país industrializado". Y agregaba: "No puede trazarse una política fundada en el interés nacional si no se reconoce la situación argentina de país en vías de desarrollo. Éste es un concepto económico que hace al tipo de estructura de producción que tiene el país. La

Ernesto "Che" Guevara, emblema de la guerrilla latinoamericana, en la tapa de la revista Panorama.

política fundada en el interés nacional supone el esfuerzo acelerado para transformar esa estructura de producción en una similar a la de las sociedades industriales. Exige la construcción de la industria básica, la promoción de las actividades de la nueva revolución industrial, de la energía nuclear, la electrónica o la cibernética. Reclama la revolución técnica del campo. Supone, simultáneamente, un gran esfuerzo tecnológico que coordine los esfuerzos de la universidad, las empresas y el Estado en la tarea de la modernización".[21] La empresa del cambio habría de compaginarse con la entrada de capitales extranjeros en esta nueva versión del nacionalismo, decidida a combatir el atraso para defender, como lo habían hecho las intervenciones militares anteriores, los valores occidentales y cristianos. Osiris Villegas desarrolló la que habría de ser la versión más completa de la doctrina de la Seguridad Nacional, cuyos aspectos principales fueron incorporados al Acta de la Revolución Argentina y al Mensaje de la Junta Revolucionaria al pueblo argentino del 28 de junio de 1966.[22] En *Políticas y estrategias para el desarrollo y la seguridad nacional* se encuentran todos los temas clásicos de las dos ramas de esa doctrina, el desarrollo económico y la seguridad. En la versión de este ideólogo, aparece una singularidad respecto de otras experiencias latinoamericanas, como la de Brasil y la de Chile. La seguridad se concibe subordinada al desarrollo económico. Esto explica que el nexo entre la doctrina de la Seguridad Nacional y la estrategia del gobierno militar haya sido más débil que en Brasil y da cuenta de gran parte de los conflictos que habría de enfrentar Onganía dentro de su gobierno. La seguridad, desde esta perspectiva era un proyecto a alcanzar, "un estado espiritual", como habría de definir Onganía a la revolución. El pueblo nunca aparece del todo distanciado del horizonte de los militares y es, por el contrario, un elemento de referencia obligado en sus ambiciones políticas.

21 Villegas, Osiris: *Políticas y estrategias para el desarrollo y la seguridad nacional*, Buenos Aires, Pleamar, 1969, pág. 136.

22 El Acta de la Revolución Argentina describe un estado de desintegración total de la Nación en términos que evocan "el borde del abismo": "Todo ello ha creado condiciones propicias para una sutil y agresiva penetración marxista en todos los campos de la vida nacional, y suscitado un clima que es favorable a los desbordes extremistas y que pone a la Nación en peligro de caer ante el avance del totalitarismo colectivista".

En la nueva función de las Fuerzas Armadas, ahora definida como "reserva para el cambio", no había lugar para los partidos políticos. Parecía, en cambio, posible construir las bases de un nuevo modelo político a través de la incorporación de los nuevos actores surgidos del proceso de modernización del capitalismo iniciado en 1959, cuyos impactos entendían que era necesario atenuar. Esta integración debía ser decidida por una conducción autoritaria y centralizada para garantizar la eficacia de la operación. Este punto de partida se asemejaba al emprendido por los militares brasileños tras el derrocamiento de Goulart, en 1964, y más claramente aun, bajo el gobierno de Garrastazu Medici.

Las cualidades de eficacia y profesionalidad, anunciadas como distintivas de la elite militar, la convertían en el actor privilegiado para llevar a cabo los cambios que el país reclamaba. La intensidad de la campaña psicológica mostró su éxito en la construcción del mito de la eficacia que movilizó a una opinión pública carente de fe en la democracia. La imagen de Onganía, conductor del anhelado cambio de estructuras, se confeccionó a la medida de los diagnósticos que se hicieron de la crisis previa al golpe y de las estrategias diseñadas por sus asesores civiles para solucionarla. Difundida por medios tan eficaces como el semanario *Primera Plana*, esa imagen contrastaba con la del presidente Illia, símbolo de la inoperancia y de la decadencia. Illia debía dejar el paso a un hombre de acción, una vez más, a un hombre de armas, capaz de torcer el rumbo de la historia y conducir a la Argentina a lo que consideraban "su seguro destino de grandeza". Que éste era el destino del país quedaba asegurado por la solidez con que dos mitos originarios resistieron el paso del tiempo. El mito de un país superdotado en riquezas, de un país excepcional, hijo dilecto de la providencia, natural o divina, y el mito, menos virtuoso, de un país "decidible" en el plano político, infinitamente dispuesto a ser reorganizado desde arriba por un poder que tuviera la voluntad y la audacia necesarias para hacerlo. Tulio Halperin Donghi, con su habitual agudeza, describió la genealogía decimonónica de este mito estatalista y sus variantes, en un importante ensayo.[23]

23. Halperin Donghi, Tulio: "Una nación para el desierto argentino", en Tulio Halperin Donghi (comp.), *Proyecto y construcción de una Nación*, Caracas, Editorial Ayacucho, 1980.

¿Qué imagen del general Onganía evocan los testimonios de quienes fueron funcionarios de su gobierno? Onganía aparece como un presidente para el que la tarea principal de su mandato era la fiscalización de los actos de gobierno; un hombre que "digería información un poco como una computadora que está siendo programada" –en las palabras de Roberto Roth–, a quien todos llamaban señor.[24] Onganía restaba importancia a la extracción social o las ideas; era austero por hábito –su único vicio conocido era el consumo de cigarrillos– y parco en el decir, "impenetrable poco capaz de penetrar a los demás", según lo describió el doctor Dardo Pérez Guilhou.[25] Estos rasgos poco acercan su imagen a la del caudillo anunciado por Mariano Grondona en *Primera Plana*. Inseguro, tenso –"era un cuerpo que estaba en guardia (...) un cuerpo en tensión" escribe Roth–,[26] desconfiado, mantenía siempre distancia. Nunca tuteaba a los funcionarios, ni siquiera a los generales amigos. Antes bien, la imagen que devuelve este católico militante, célebre por sus silencios, es la de alguien al que las circunstancias le atribuyeron un papel que estuvo lejos de poder desempeñar con éxito: ¿un déspota frustrado? Perón, desde el exilio, pareció comprenderlo así cuando se preocupó en anunciar que "un conductor político es una cosa y un conductor militar es otra (...) tengo la impresión de que (Onganía) es un buen soldado". Se dice que Onganía nunca nombró a Perón. Dardo Pérez Guilhou recordó que, siendo ministro de Educación, el general Franco le pidió que le comunicase al presidente Onganía una felicitación y un consejo. Felicitación por nunca nombrar al general Perón; consejo: no hacerlo, porque si lo nombraba, Perón habría de volver. Curiosa profecía destinada a realizarse.[27]

¿Líder mesiánico, como lo definieron no pocos analistas?, ¿árbitro entre corrientes encontradas, como lo presenta Roth? Ninguna de las dos imágenes parece ajustarse bien al hombre que fue Onga-

24. Roth, Roberto, *Los años de Onganía*, ob. cit., cap. 6. Roberto Roth se desempeñó como secretario legal y técnico de la Presidencia.

25. Entrevista al doctor Dardo Pérez Guilhou, sostenida en julio de 1998. Dardo Pérez Guilhou fue ministro de Educación, reemplazante del doctor Astigueta en el gabinete que se formó después del Cordobazo, en junio de 1969.

26. Roth, Roberto, ob. cit.

27. Entrevista de julio de 1998 (véase nota 25).

nía. Ni líder mesiánico, ni político negociador. Tal vez, la imagen que mejor lo refleja es la de su llegada en carroza a la feria anual de la Sociedad Rural: ¿un monarca que se muestra ante sus súbditos para que sepan de su real existencia y le obedezcan por el imperio de su sola presencia?

La idea de la política como sinónimo de discordia, de amenaza a una unidad nacional que debía quedar al abrigo de la penetración de ideas foráneas, no estaba confinada al ámbito del imaginario militar de la época. ¿Acaso España no había logrado vencer al comunismo mediante la aplicación de un régimen no democrático? Desterrar la política del gobierno y unificar el mando en un presidente, al que civiles y militares debieran obediencia, aparecía como el mejor antídoto para detener un proceso que se asumía, ante todo, como freno a la modernización del país y, por esa razón, dejaba indefensa a la nación ante el peligro del comunismo. El general Onganía era el hombre que vino a cumplir una función que muchos querían ver realizada y en aras de esa meta estaban dispuestos a disimular su sorprendente carencia de ideas sobre el rumbo que debería darse a un país que suponían a la deriva. El proyecto a realizar era más difícil de definir que los rasgos del caudillo encargado de conducirlo. Ningún interés concreto, ninguna vinculación precisa con sectores económicos, sólo una proclamada vocación para conducir a la Nación hacia su "destino de grandeza", eran los atributos que situaban a Onganía en el papel de conductor, dotado de una aparente libertad absoluta para elegir a sus colaboradores entre los mejores técnicos y decidir sobre las políticas públicas sin otro límite que el que él mismo se autoimpusiera. No obstante, como lo recuerda Adolfo Canitrot, "el presidente nos confesó que no podía tocar los privilegios previsionales de las Fuerzas Armadas".[28] Esta imagen se concilia mejor con la de un hombre sin experiencia política, desconfiado de partidos y de ideologías, para quien el ordenamiento de la administración es la piedra de toque de la gran transformación que espera emprender. ¿Voluntarismo ingenuo? Una combinación de meritocracia y hombre fuerte parecía ser, en la percepción de los protagonistas de la época, la fórmula para sacar al país del estancamiento y

28. Entrevista con el ingeniero Adolfo Canitrot, agosto de 1998. Adolfo Canitrot era funcionario del Consejo Nacional de Seguridad (CONASE).

ILLIA — *¿Quién dijo que él me sostenía? Ya ven, se fue y no pasó nada.*

Illia y Onganía caricaturizados en Primera Plana.

la decadencia política. Una fórmula atractiva para aquellos que hacían hincapié en la ficción de legalidad en la que había vivido el país desde 1955 y que había terminado por erosionar la creencia misma en los valores de la democracia representativa. Más atractiva aun, si se tiene en cuenta que la continuidad de la democracia constitucional con pluralidad de partidos era contradictoria tanto con el objetivo de quienes buscaban borrar al peronismo de la escena política, como con el propósito de quienes esperaban poder orientar a ese movimiento político nacional y popular hacia nuevos rumbos.

No sorprendió entonces que el presidente instalado por el golpe estuviera profundamente convencido del carácter apolítico de su gobierno: prohibidos los partidos y transferidos sus bienes al Estado, los integrantes del gobierno no tendrían otro vínculo que la comunidad de objetivos fijados por la denominada "Revolución Argentina". Convencido de que sin la mediación de los partidos, la lucha de intereses podría ser encauzada bajo nuevas formas de parti-

41

cipación, Onganía se aventuró a imaginar la Revolución como "un estado espiritual". No obstante, fue el "estado espiritual" de la década el que hizo del general Onganía el hombre a la medida de las aspiraciones de cambio, antes que las virtudes que este hombre pudiera exhibir.

Las ansiedades del momento, exacerbadas por la nueva sensibilidad hacia el cambio y las promesas que éste encerraba, estimularon en sectores de la izquierda y de la derecha del arco político una visión de Onganía como alguien capaz de ser continente de atributos asociados a empresas muy disímiles, por necesidad o por vocación. A ello se agregaba el hecho de que el gobierno del presidente Illia se acercaba a un desenlace que nadie imaginaba distinto al del gobierno de Frondizi, y no había otro líder militar suficientemente respetado dentro y fuera de las Fuerzas Armadas, sea para bloquear el seguro ascenso del peronismo, o bien encabezar una dictadura progresista, como lo imaginaron los sectores nacionalistas de la izquierda.

3. La Revolución Argentina

La denominada "Revolución Argentina" fue diferente de todas las experiencias golpistas que la precedieron. El poder del Estado se convirtió en un objetivo militar, era el instrumento para salir del atraso e insertar al país en el mundo. Las Fuerzas Armadas, a través de sus comandantes en jefe, asumieron la representación del pueblo y se dotaron de un estatuto que reservó a la Junta Revolucionaria el derecho de designar al presidente y depositar en él todos los poderes políticos del Estado. La Corte Suprema de Justicia fue removida y los nuevos miembros juraron con la fórmula revolucionaria. El presidente reunió las funciones legislativas y ejecutivas en sus manos. La centralización del poder, conforme a la lógica revolucionaria, disolvió la estructura federal del Estado. Los poderes políticos provinciales pasaron a ser una prolongación natural de la función presidencial.

¿Cuán poderoso resultó ser el presidente investido de estos poderes? En su discurso del 6 de julio de 1966, dirigido a las Fuerzas Armadas, Onganía se preocupó por dejar en claro que la autoridad presidencial no podía ser compartida y por lo tanto, la suma del po-

Juan Carlos Onganía en la tapa de Primera Plana.

der público habría de estar en sus manos. La función que la "Revolución Argentina" asignaba a los militares era la de garantes del nuevo régimen; una empresa que les exigía mantenerse apartados de la función pública: "La cohesión de nuestras instituciones, que hizo posible este acto histórico trascendental debe constituir nuestra preocupación permanente, porque es la máxima garantía del esfuerzo que inicia la República. Protegeremos esa unidad, substrayéndola del desgaste que supone el ejercicio de la función pública".

En nombre de la "doctrina de Westpoint", Onganía reivindicó su libertad de formar un gobierno con funcionarios civiles, sustraídos del control de las jerarquías militares. Sin embargo, fuera de su prestigio personal, su única base de sustentación eran las Fuerzas Armadas. ¿Creía Onganía que podría disciplinar a los generales, como lo había hecho con las tropas bajo su mando, y privarlos de toda injerencia en el gobierno, sin despertar un peligroso malestar? Había ganado la lucha por la presidencia, pero una vez en ella, comenzaba otra, para la cual pronto mostró que no estaba preparado.

Suprimidos los partidos, el reclutamiento de los funcionarios combinó criterios técnicos e ideológicos: la mayoría eran católicos, todos anticomunistas, se definían "apolíticos" y se abrevaban en vertientes que cubrían el nacionalismo conservador y el más progresista en temas sociales; había entre ellos autoritarios y más moderados en el plano político.[29] Como lo advertían las editoriales de la revista *Criterio*, el declarado apartidismo de los miembros del gabinete no era sinónimo de apoliticismo y las tensiones a la hora de tomar decisiones habrían de salir a la luz.[30]

29. Integraron el gobierno varios de los miembros de El Ateneo de la República, asociación creada en setiembre de 1962 por "un grupo de ciudadanos preocupados por la suerte de la República" para contribuir a la solución de la crisis argentina mediante la difusión de toda palabra autorizada sobre los urgentes problemas nacionales del presente. La heterogénea composición de El Ateneo se reflejó en el gobierno de Onganía. Nacionalistas tradicionalistas como Máximo Etchecopar y desarrollistas como Mario Amadeo y Raúl Puigbó, ilustran las diferentes vertientes del nacionalismo católico. Para un análisis de la composición de esta asociación y de los miembros que formaron parte del gobierno de Onganía, véase Selser, Gregorio: *El Onganiato*, ob. cit., págs. 18-39.

30. Botana, Natalio; Braun Rafael y Floria, Carlos: *El régimen militar, 1966-1972*, Buenos Aires, Ediciones La Bastilla, 1973, pág. 20.

Pronto se advirtió que el gobierno no tenía una idea clara de cómo llevar a cabo un proyecto tan ambicioso como el que anunciaba. El presidente reclamaba que se le concediera tiempo para ofrecer realizaciones tangibles. El nombramiento del ministro de Economía fue una señal clara de la estrategia de Onganía. El doctor Néstor Salimei, un joven y exitoso empresario en el comercio de oleaginosas, ocupó el cargo. Católico practicante, se apresuró a declarar que ejercería su función "sin entrar en política". La lealtad hacia el presidente era su carta de presentación, y la garantía para Onganía de que el poder no escaparía de su control. Pero esta circunstancia determinaba su debilidad; no tenía otro apoyo que el que pudiera ganarse a través de una gestión exitosa. El ingeniero Alsogaray, nombrado embajador en Estados Unidos, vio así frustrarse su anhelo de ocupar nuevamente ese ministerio. Era un hombre demasiado influyente para desempeñarse en la conducción económica –hermano del general Julio Alsogaray, jefe del Primer Cuerpo del Ejército, hombre con actuación política destacada y aguerrido defensor del liberalismo económico– y estos antecedentes, sin duda, pesaron en la decisión de Onganía, quien comprendió que nombrarlo en ese car-

Onganía lee su primer mensaje: "Conciliación y reconstrucción".

go era quedar a su merced en un área estratégica de gobierno. Salimei era un recién llegado a la política con el único mérito conocido de ser un *self made man*. El ministro "exudaba confianza", afirma Roth, y prefirió colaboradores extraídos de sus empresas en cuya lealtad podía confiar.[31] Los empresarios pretendían que el nuevo ministro fuera un vocero confiable de sus intereses y orientaciones, pero la consigna de "crear trabajo", levantada por Salimei, y las supuestas buenas relaciones que mantenía con el sector del sindicalismo proclive a negociar con el gobierno, sólo podían acrecentar la incertidumbre que despertaba un presidente para quien el proyecto de su gobierno era "un estado espiritual".

Salimei eligió a sus colaboradores entre técnicos jóvenes, la mayoría de los cuales se había formado en el exterior a comienzos de la década, pero no tenían un programa en común, a lo sumo intenciones compartidas. Seleccionados por su perfil profesional, sin experiencia de gobierno, "no eran monetaristas ni provenían de la Escuela de Chicago", sostiene Eduardo Zalduendo.[32] El nombramiento de Felipe Tami en la presidencia del Banco Central, decidido partidario de una concepción estructuralista de la inflación, despertó inquietud entre los defensores del monetarismo y extendida alarma entre los grandes empresarios. Tami propugnaba un combate gradual a la inflación mediante un pacto social entre empresarios y trabajadores, la reducción progresiva del déficit fiscal y ajustes periódicos en el tipo de cambio. Coherente con una visión estructuralista, desde el Consejo Nacional de Desarrollo se intentó establecer los lineamientos para la planificación del desarrollo económico. Las disputas entre Tami y Salimei reflejaron las presiones a las que el ministro estaba sometido y el rumbo incierto que imprimían a su gestión. Tras el consenso sobre los objetivos revolucionarios subyacían desacuerdos sobre la orientación de la política económica. Los defensores de una estrategia desarrollista identificada con el nacionalismo económico y partidarios de un enfoque gradualista de la inflación, y los liberales, decididos a eliminar la inflación en forma drás-

31. Roth, Roberto, ob. cit., pág 50.
32. Entrevista sostenida con el doctor Eduardo Zalduendo en setiembre de 1998. Véanse también las declaraciones de Zalduendo a la revista *Inédito*, Buenos Aires, 23 de noviembre de 1966, año I, nº 7, págs. 13-14.

Dr. Néstor Salimei, primer ministro de economía de Onganía.

tica y reducir la presencia del Estado en la economía, pugnaban por imponer su estrategia. La confusión crecía ya que las revistas representativas del nacionalismo de derecha en lo político se hacían eco de las posturas estructuralistas defendidas por el presidente del Banco Central. Pronto se puso de manifiesto que Salimei no lograba imprimir un rumbo a la economía y mantenerlo.

Se planteaba así una de las cuestiones críticas para afirmar la autoridad de Onganía, la referida a su relación con los grupos económicos poderosos. La otra cuestión, no menos decisiva, habría de ser la autonomía del presidente de la Nación respecto de las Fuerzas Armadas. Onganía no se cansaría de proclamar en cuanta ocasión se le presentaba que "las Fuerzas Armadas no gobiernan ni cogobiernan"; sin embargo, en la medida en que fueron creciendo las inquietudes de la jerarquía militar sobre la marcha de la Revolución, la sorda lucha interna fue viendo la luz. Más una aspiración de Onganía que fruto de una voluntad prescindente por parte de los altos mandos militares, inicialmente en un compás de espera, el crédito otorgado pronto fue retaceado.

La sanción de una ley que obligaba a los trabajadores y a la patronal a someterse al arbitraje obligatorio del Poder Ejecutivo Nacional en todo conflicto laboral en el que no hubiese acuerdo entre las partes, fue vista como promisoria por el empresariado. Empero, otras acciones desalentaban las expectativas del sector. El esfuerzo del gobierno por promover la firma de nuevos convenios salariales en condiciones satisfactorias para los obreros de las industrias metalúrgicas y textiles, que habría de culminar con la homologación de los convenios de la Unión Obrera Metalúrgica y la Asociación Obrera Textil, corroboró la ambigüedad de la gestión. Los empresarios pretendían que se fijaran topes salariales, o bien que se congelaran los salarios incluso al precio de la intervención o la disolución de los sindicatos en los casos que fueran necesarios. Las medidas fueron consideradas como un reflejo de la debilidad presidencial frente al sindicalismo y alimentaron sospechas sobre cuál habría de ser el papel que Onganía esperaba otorgar a las organizaciones obreras en el nuevo régimen. En todo general poderoso, no dejaba de rondar el fantasma de Perón, qué pasaría si surgiera un nuevo Perón era la pregunta que desvelaba a empresarios y jefes militares. El subsecretario de Trabajo, José Tamboranea, contribuía a alimentar ese malestar con su intervención directa en las pujas sindicales.

Sin embargo, el mundo sindical no estuvo en el centro de la escena durante esta primera etapa. Los ingenios azucareros de Tucumán, provincia cuyo panorama económico y político era considerado emblemático de lo que había que erradicar en el país, la administración pública y las universidades nacionales fueron los principales objetivos del gobierno. En los tres casos se buscó afirmar la autoridad presidencial a rajatabla, pero lo que se logró fue erosionar el prestigio inicial del presidente.

En un contexto signado por la baja productividad del principal producto de la economía tucumana, el azúcar, y de reducción de los subsidios con que el Estado nacional había protegido a la industria azucarera, la crisis de sobreproducción de 1965 había desatado los conflictos sociales latentes. El paisaje social de Tucumán contrastaba por la intensidad de los enfrentamientos con el resto del país. En 1965, el gobierno de Illia había optado por no subvencionar una producción que superase en un 50 por ciento el promedio del quinquenio 1960-1964. Los conflictos entre industriales y agricultores cañeros, cañeros y trabajadores del surco, industriales y obreros, y de todos contra el Estado nacional, se multiplicaron a partir de entonces. A la suspensión de pago de los jornales y de la caña entregada a los ingenios, se sumó la crisis de la administración provincial. Los pagos de los salarios a los empleados públicos se atrasaron y se sucedieron los paros, las tomas de ingenios, las manifestaciones en las calles y el corte de las rutas.

Al poco tiempo de entrar en funciones, el Dr. Salimei limitó la producción de caña de azúcar en un 70 por ciento respecto de 1965, intervino ingenios y descargó el peso del ajuste en los pequeños productores minifundistas y en los obreros de los ingenios más ineficientes. La resistencia social cesó. Los sindicalistas de la FOTIA, el gremio de los trabajadores azucareros más radicalizado antes del golpe militar, colaboraron con el gobierno en la solución del problema de los trabajadores cesantes. Habían dado una prueba de confianza a Onganía al declarar que "no se oponían a cambios fundamentales siempre que se hicieran gradualmente".[33] Mientras el gobierno se ufanaba del éxito del "Operativo Tucumán", la corrupción que acompañó al proceso de cierre y venta de ingenios en la que el propio Salimei quedó involucrado, erosionó la credibilidad del ministro. La Ley 17.163 que fijaba los cupos de la producción azucarera no se respetaba bajo el pretexto de proteger las fuentes de trabajo. La fabricación y comercialización "en negro" del azúcar favoreció a empresas económicamente no viables e hizo posible el enriquecimiento de sociedades de comercialización colaterales.[34] Mal podía afirmarse Onganía como el hombre de autoridad que la campaña psicológica había perfilado, si no era capaz de asegurar el cumplimiento de las leyes ni desterrar el patrón perverso de aprovechamiento del Estado para fines particulares. El mundo de los negocios se colaba en el gobierno y esta primera muestra ponía de manifies-

33. *La Gaceta*, 2 de agosto de 1966.
34. Murmis, Miguel; Sigal, Silvia y Waisman, Carlos: "Tucumán arde", *Cuadernos de Marcha*, Montevideo, nº 27, julio de 1969, págs. 43-49.

to que la decisión de suspender el sistema político para poner al Estado al abrigo de las presiones sectoriales, era ilusoria. La denominada ley de "rehabilitación de empresas", conocida también como la ley "Siam Di Tella", ejemplifica el sesgo de las políticas. Esta empresa se había sobreexpandido y contraído una deuda sideral. Salimei proyectó la ley que consolidaba la deuda de ésta y de otras doscientas de capital nacional, y Onganía la sancionó. El conflicto surgió a propósito de la reglamentación de la ley. El problema consistía en determinar criterios objetivos y parejos para todas las empresas que se encontraran en esa situación y un sistema automático de acogimiento que acordase a todas las mismas facilidades, con los mismos plazos. Sin embargo, Salimei optó por un sistema donde el caso de cada empresa iba a ser considerado por separado, con criterios flexibles, lo que dejaba un amplio margen para la discrecionalidad. El conflicto no pudo resolverse bajo la gestión de Salimei, pero se impuso su criterio bajo la gestión de su sucesor, Krieger Vasena. De este modo, el Estado aportaba al sostenimiento selectivo de la empresa privada. La denominada con ironía ley ALPI – remedando la sigla de la asociación de ayuda para las personas incapacitadas– con el argumento de la preservación de las fuentes de trabajo, favoreció selectivamente a los empresarios.

Krieger Vasena, ministro de Economía que ya había formado parte del gabinete de Aramburu.

A un mes de la instalación del gobierno, las universidades nacionales fueron intervenidas. El 29 de julio se suprimió la autonomía de las universidades públicas y éstas pasaron a depender del Ministerio del Interior, área que junto a Educación, Justicia y Comunicaciones, había quedado a cargo del doctor Enrique Martínez Paz. El gobierno adujo que había que poner fin a la infiltración marxista y a la agitación estudiantil. En 1946, un mes después de la victoria electoral de Perón, la misma medida había recaído sobre las universidades argentinas. Como entonces, un número considerable de profesores renunciaron para evitar ser víctimas de la purga que se descargaría nuevamente sobre las universidades. Muchos de ellos optaron por el exilio y la fuga de cerebros encaminó a los científicos "indeseables" hacia los centros de estudios de Europa, Estados Unidos y América Latina.

El activismo estudiantil protagonizado por alas juveniles del Partido Comunista y sus diversas escisiones y por agrupaciones de izquierda de variados orígenes, que comprendían facciones desprendidas del viejo Partido Socialista, el trotskismo y el socialismo nacional, era un elemento particularmente irritante para el nuevo orden que Onganía quería implantar. Sin embargo, a pesar de las de-

"La noche de los bastones largos". Desalojo de la Universidad de Buenos Aires. Fue el comienzo de la diáspora académica argentina.

nominaciones de las agrupaciones estudiantiles, sólo reclutaban universitarios y profesionales. La resolución del Consejo Superior de la Universidad de Buenos Aires condenando el golpe fue el detonante que apresuró la reacción. La universidad, centro de modernización científica y cultural durante los primeros años posperonistas, era jurisdicción de los intelectuales y ámbito en el que tomaron la palabra en nombre propio. Hasta entonces no habían tenido proyección política fuera de ese ámbito académico, como lo muestra Silvia Sigal.[35] El gobierno radical había respetado la autonomía universitaria impuesta desde 1955 y tolerado manifestaciones estudiantiles y tomas de facultades. Esta concepción, ajena a la tradición del peronismo, no se compadecía con la voluntad de ordenar un país indisciplinado que inspiraba a Onganía. La violencia desplegada contra los universitarios habría de radicalizar los comportamientos de la generación de jóvenes y favorecer la sustitución de una concepción de la autonomía, hasta entonces entendida como compromiso personal y libertad cultural, por otra, para la cual todo es política y se borran los límites entre la universidad y la sociedad. La intervención y abolición del estatuto reformista culminaron en la primera represión policial masiva del gobierno: "La Noche de los Bastones Largos". Los golpes propinados a los ocupantes de la Facultad de Ciencias Exactas tenían un propósito ejemplificador y cumplieron su objetivo de aislar la resistencia estudiantil. En agosto, el Ministerio del Interior disolvió la asociaciones estudiantiles. Un mes después, la represión de una manifestación estudiantil en Córdoba cobró la primera víctima. Santiago Pampillón, estudiante universitario, fue abatido por la policía en una manifestación callejera. La opinión pública, que había recibido con indiferencia las medidas aplicadas en la universidad, fue conmovida por la ferocidad de la violencia represiva. Por primera vez se mataba a un estudiante y este hecho sería el preludio de la efervescencia que más tarde sacudiría la vida universitaria del país ante la mirada incrédula del secretario de Educación y Cultura, Mariano Astigueta, un nacionalista con inclinación hacia el cambio radical, decidido a introducir la religión en la enseñanza y convencido de que el nuevo estatuto universitario aseguraría el orden en las casas de altos

35. Sigal, Silvia: *Intelectuales y poder en la década del sesenta*, Buenos Aires, Punto Sur, 1991, pág. 248.

estudios. A él se atribuye la afirmación de que "Argentina es el único país del mundo que no tiene problemas estudiantiles".[36]

El desempeño del nuevo inspector, comisario Luis Margaride, guardián moral de la ciudad de Buenos Aires, no dejó dudas acerca de las fobias en materia de sexo que dominaban al gobierno. Se persiguió a las parejas en las plazas, se multiplicaron las razias a los hoteles alojamiento, se clausuraron locales nocturnos y se prohibió el uso de minifaldas y pantalones a las mujeres en las escuelas y oficinas públicas. Con la clausura de la revista de humor *Tía Vicenta*, por entonces suplemento semanal del diario *El Mundo*, se inició un ciclo de cierre de periódicos y revistas. *Tía Vicenta* había dibujado en su tapa una morsa con el epígrafe: "La era de la morsa ha comenzado", una sutil analogía con los bigotes que usaba el presidente realizada por el humorista Landrú, sobre el cual no pocos fantasearon que escondían un labio leporino. Extraña imagen la de este presidente que ocultaba deformaciones a la mirada de la gente.

Onganía no dictó una ley que regulara la prensa, se limitó a afirmar en cuanta ocasión le pareció oportuna, que la prensa debía ser responsable. La autocensura fue la respuesta de quienes se acomodaron al nuevo diseño del poder. Por otra parte, la reglamentación del *habeas corpus* y del recurso de amparo, orientada a restringir drásticamente las libertades públicas, proveyó el instrumento legal con el que acallar toda disidencia. La Ley de Defensa Nacional, dictada pocos meses después, completó el panorama de un Estado dispuesto a reprimir cuando lo considerara necesario.

Los servicios públicos se convirtieron en otro de los blancos elegido por el gobierno. El puerto de Buenos Aires, adujo el gobierno, debía ser puesto en condiciones competitivas con el resto del mundo. En octubre se estableció un régimen de trabajo que abolió las prerrogativas de las que disfrutaba el sindicato. La huelga portuaria fue sofocada con la presencia militar y el SUPA (Sindicato Único de Portuarios Argentinos), intervenido. En diciembre, le llegó el turno a los ferrocarriles. El gobierno diseñó un plan para reestructurarlos, basado en el diagnóstico de que el exceso de personal era el factor responsable de la baja rentabilidad. La Unión Ferroviaria y La Fra-

36. Potash, Robert: *El Ejército y la política en Argentina: 1962-1973*, Buenos Aires, Sudamericana, 1994, pág. 77.

ternidad aparecieron con su propio plan, orientado a preservar los puestos de trabajo. La respuesta fue similar a la dada a los portuarios. Onganía decidió la intervención militar del gremio dispuesto a encarar la racionalización de los ferrocarriles con mano firme. El conflicto en los ferrocarriles dio impulso a un plan de lucha, lanzado el 1° de diciembre por la CGT, que debía culminar en un paro nacional. Con esta medida, Augusto Vandor, figura dominante en el movimiento sindical desde los años de Frondizi, esperaba beneficiarse como jefe indiscutido del movimiento laboral e interlocutor privilegiado del gobierno.[37]

El reordenamiento de la administración pública fue motivo de continuo desvelo para el presidente. Sin embargo, los esfuerzos se redujeron a forzar a cada repartición a que diseñara su organigrama. La proliferación de oficinas de Organización y Métodos, tanto en la administración central como en las empresas públicas, no produjo cambios significativos en los comportamientos. A ello contribuyó la concepción burocrática que de su rol tenían las Fuerzas Armadas, encarnada en el coronel Vidueiro, encargado de impulsar la racionalización. No se llevaron a cabo los temidos despidos masivos de empleados. Sólo el aumento de la presión impositiva y de las tarifas de los servicios públicos inauguró una tendencia que habría de permitir un mayor margen de maniobra estatal en la economía a partir de 1967.

La ley de Ministerios, preparada por Enrique Martínez Paz y su equipo, redistribuyó las materias atribuidas a los ministros y secretarios de Estado y creó un quinto ministerio, Bienestar Social, cuya función sería encarar "la acción comunitaria, la seguridad social, la protección de la salud y las mayores facilidades en materia de vivienda". Roberto Petracca, un industrial exitoso, fue designado en el nuevo ministerio. Muy pronto, el "quinto hombre" se enfrentó con las políticas de Salimei. Sin origen partidario común que cimentara lealtades, cada ministro reclamaba para sí la definición de lo que consideraba la mejor política. La proclamada intención del presidente de salvaguardar sus políticas de las exigencias de los grupos

37. A pesar del revés político sufrido en las elecciones de Mendoza, en 1965, la corriente vandorista había retenido el poder suficiente para desplazar a los sectores fieles a Perón. Estos últimos formaron una corriente dentro de las 62 Organizaciones peronistas, encabezada por el ex secretario de la CGT, José Alonso.

económicos, hacía aguas en el seno mismo del gabinete que, en ocasiones, se comportaba como una federación de ministerios. La prensa recogía la impresión generalizada de la falta de un equipo coherente de colaboradores en el nivel administrativo.[38] Mientras los intereses se colaban en un gobierno carente de políticas de mediación que pudieran atenuar sus consecuencias, el presidente parecía convencido de que el interés público estaba asegurado por funcionarios identificados con distintos intereses y orientaciones políticas. Convertida en filosofía de gobierno, la política "apolítica" de Onganía, prescindió de la mayoría de las organizaciones existentes y por ese camino dejó en libertad a los sectores más poderosos para actuar.

Onganía creía que la solución al problema de la decisión pública estaba en el planeamiento, observa Roth.[39] Con esa convicción se puso en funcionamiento el Sistema Nacional de Planeamiento y Acción para el Desarrollo, responsable de fijar las políticas y estrategias. Integraban este sistema el Consejo Nacional de Desarrollo (CONADE), organismo al que se asignó la elaboración de los planes de desarrollo acorde con los objetivos políticos fijados por el gobierno, el Consejo Nacional de Seguridad (CONASE), creado por la ley de Defensa Nacional para mantener "la seguridad necesaria" y el Consejo Nacional de Ciencia y Técnica (CONACYT). Las políticas y estrategias elaboradas en coordinación por los tres organismos, una vez aprobadas por el presidente y su gabinete, habrían de tener carácter imperativo para el sector público e indicativo para el sector privado.

No obstante la abundante producción, cinco volúmenes integran el Plan Nacional de Desarrollo elaborado en el CONADE entre 1966 y 1970 –el cuarto, dedicado a la industria, quedó inconcluso–. El planeamiento se compaginaba mal con la orientación predominante en el gobierno. La coexistencia de profesionales que hacían su tarea en el CONADE, y no estaban sometidos a presiones, con una administración que resultó ser indiferente a sus resultados, dejaba la impresión de que este sistema era un mecanismo ideado para mantener la ambigüedad sobre el rumbo a adoptar, rasgo que caracterizaba al presidente.[40]

38. Véase el editorial de *Análisis*, n° 290, 3 de octubre de 1966, pág. 7.
39. Roth, R., ob. cit. pág. 381.
40. El doctor Zalduendo enfatizó en la entrevista concedida en septiembre de 1998 el hecho de que no estaban sometidos a presiones. Zalduendo llegó a desempeñarse como secretario del CONADE.

La sucesión de medidas adoptadas pareció agotar el repertorio del gobierno. Transcurrido un semestre, el esperado plan de acción se había reducido a la declaración de objetivos sin que se pudiera deducir cuál era el programa económico y en qué consistían las innovaciones con las que se pretendía cambiar al país. El ejercicio de una autoridad sin restricciones, pero sin rumbo definido, era el saldo del balance. El malestar castrense, el descrédito entre las grandes empresas nacionales y extranjeras y la creciente disconformidad de la opinión pública, colocaron a la defensiva a la Revolución Argentina. Las crónicas de los corresponsales del *New York Times* y del *Washington Post*, todas ellas atribuyendo antecedentes o inclinaciones antisemitas a los altos funcionarios del gobierno, deterioraron la imagen en el exterior.

Onganía había perdido el crédito inicial y soportaba la presión de los mandos militares. Salimei no había logrado poner fin a las políticas inflacionarias, nacionalistas y expansivas del pasado inmediato. "El primer equipo del presidente Onganía poco ha innovado en materia económica respecto de las líneas adoptadas por la administración radical", consigna *Análisis* en su editorial del 3 de octubre de 1966. El año 1966 terminó con una tasa de inflación del 30 por ciento anual que no pudo ser doblegada, un crecimiento nulo del producto, descenso en el nivel de inversión y una ajustada balanza de pagos. La tregua con que la CGT había recibido a Onganía se había roto con el anuncio de medidas de fuerza, el mismo mes en que el general Julio Alsogaray fue designado comandante en jefe del Ejército, en reemplazo del general Pistarini, uno de los artífices de la llegada de Onganía al poder. El sector nacionalista católico, y los socialcristianos que integraban su gobierno, perdían posiciones. Había llegado el momento de definir el rumbo.

Onganía se vio obligado a cambiar su gabinete. Adalbert Krieger Vasena fue nombrado en el Ministerio de Economía y Guillermo Borda en el Ministerio del Interior –las dos carteras más cuestionadas–. El Dr. Borda, un jurista con actuación en el peronismo, representaba una continuidad con su antecesor ya que compartía la pretensión de sustituir el pluralismo político por la participación de la comunidad organizada en un Estado fuerte, pero Krieger Vasena estaba lejos de ser el candidato de Onganía. Ministro durante la presidencia de Aramburu, asesor y miembro del directorio de grandes empresas nacionales y extranjeras, hombre de fluidos contactos con los organismos financieros internacionales, Krieger Vasena era reputado como prestigioso economista de orientación liberal y pragmática. La designación de Borda irritó a los sectores liberales de la derecha. No estaban dispuestos a restaurar el proceso electoral y habían avalado con satisfacción el reemplazo de la política por la administración, pero desconfiaban de las intenciones corporativistas de Onganía. El presidente se apresuró a anunciar las tres etapas que tendría la Revolución Argentina. El tiempo económico, ahora a cargo de Krieger Vasena y su equipo de economistas liberales, quienes llevarían a cabo la tarea de lograr la estabilidad y la modernización del país; el tiempo social destinado a distribuir las riquezas alcanzadas durante la etapa inicial y, finalmente, el tiempo político, en el que se llevaría a cabo la transferencia del poder a organizaciones verdaderamente representativas de la sociedad. Con este planteo, inspirado en las *Bases* de Alberdi, Onganía dejaba en claro cuál era el papel que asignaba al nuevo ministro de Economía. Krieger Vasena sería el responsable de la creación de las condiciones necesarias para iniciar el tiempo social. Crítico de los partidos, lo era también del capitalismo al que consideraba causa del egoísmo social y principal obstáculo para el logro de la integración espiritual de la Nación. Católico militante, las tesis de la encíclica *Populurum Progressio* eran un marco de referencia obligado para su gestión. No podía imaginar las consecuencias que las transformaciones impulsadas en la economía por su nuevo ministro habrían de tener sobre el comportamiento del sindicalismo, al que esperaba situar en el lugar de uno de los pilares de la Revolución. La última carta de Perón que circulaba entonces auguraba una realidad muy distinta a la imaginada por Onganía: "La administración de Onganía es una simple continuación de la acción que ha venido azotando al país en los últimos 11 años. Lo que inicialmente pudo ser una esperanza se ha transformado en una desilusión que ha ido aumentando con el deterioro del gobierno".

4. La "gran transformación"

La etapa que se inició con el nombramiento de Krieger Vasena, en diciembre de 1966, inauguró un período que habría de extenderse hasta mayo de 1969, caracterizado por la ausencia de una oposición civil bien organizada y unificada. La convicción de que el continuo progreso económico facilitaría la llegada del "tiempo social" y con éste, el apoyo obrero a la Revolución que habría de culminar en la creación de un consejo económico social a escala nacional, alimentó un clima de relativa calma. Sin embargo, ese clima obedeció más a la dureza con que el nuevo ministro reprimió la resistencia sindical, que a la confianza otorgada por los jefes sindicales. En el verano de 1967, no se trataba de liquidar a un grupo de sindicatos portuarios como lo había hecho Salimei; eran los dirigentes de los gremios de trabajadores industriales bajo la conducción de Augusto Vandor, secretario general de la poderosa Unión Obrera Metalúrgica (UOM), quienes se movilizaban en contra de la política del gobierno.

El plan de lucha lanzado por la CGT el 1º de diciembre recibió una respuesta del gobierno muy distinta a la esperada por los jefes sindicales. A diferencia de lo ocurrido cuando Illia debió enfrentar una situación semejante, el plan de lucha fue declarado "disturbio ilegal del orden público" y se castigó a los sindicatos que tomaron parte en él, aunque no se canceló la personería de la CGT. El 10 de marzo, la cúpula castigada de la CGT abandonó el plan de lucha a cambio de la promesa del secretario de Trabajo, Rubens San Sebastián, de que las supresiones de las personerías gremiales podrían ser revisadas y el diálogo reanudado. Esta primera experiencia de enfrentamiento con un gobierno que creían más sensible a sus demandas, había arrojado una amarga lección a los jefes sindicales: su acceso a los mecanismos de decisión dependía de decisiones políticas. Los gobiernos semiconstitucionales, habían requerido de su apoyo o de su neutralidad, sometidos como lo estaban al dictamen de las urnas. El gobierno de Onganía, con el que compartían el resentimiento hacia la clase política, les había mostrado que el poder que creían tener era más vulnerable de lo que habían imaginado. Augusto Vandor pagó el precio del fracaso, acusado de falta de convicción por los sectores duros del sindicalismo. Sin embargo, el grupo de los "participacionistas" liderado por Vandor vio una nueva oportunidad para consolidar su poder, alentado como lo estuvo por los funcionarios del Ministerio de Trabajo y las vagas promesas del doctor Borda de un eventual papel asesor para los sindicatos en el marco de un consejo económico y social.

La suspensión de las negociaciones colectivas hasta fines de 1968 fue el golpe de gracia asestado por Krieger Vasena a la CGT, a pocos días de canceladas las medidas de lucha. Con esa medida se anulaban las bases sobre las que se asentaba la estrategia política del sindicalismo y se abrían las puertas para que el predominio alcanzado desde 1959 por los sectores más concentrados de la economía se proyectara en el orden político. El Estado se reservó la facultad de fijar los salarios cada dos años, como parte de su política de estabilización anunciada en el mes de marzo. Los sindicalistas recibieron la promesa de que el salario real se mantendría constante, mientras que las empresas tuvieron como incentivo para acordar los precios el acceso preferencial al crédito bancario y a los contratos con las empresas estatales. La política de ingresos representó una innovación respecto de los programas de corte liberal que la precedieron. Partía del supuesto de que en una economía cerrada como la argentina, los mercados de bienes y salarios no eran competitivos, un diagnóstico más realista que el de los anteriores programas de estabilización.

Krieger Vasena devaluó en un 40 por ciento el peso –la paridad pasó de 250 a 350 $ por dólar– con el propósito de descartar toda especulación sobre futuras devaluaciones. La novedad de su política residía en que era el primer intento de compensar los efectos de la devaluación a través de la fijación de impuestos a las exportaciones tradicionales y la disminución de los gravámenes a la importación; medidas que impidieron una alteración profunda de los precios. Fue la primera devaluación que no provocó la transferencia de las ganancias al sector exportador, como era usual. El Estado, por su parte, a través de la retención a las exportaciones de los productos agrícolas obtuvo recursos para sanear las cuentas públicas. El déficit fiscal se redujo en un 50 por ciento durante su gestión.

Una política fiscal severa, basada en el aumento de la recaudación impositiva,[41] la elevación de las tarifas de los servicios públicos, la

41. El grueso de la recaudación obedeció a la mejora en el cobro de los impuestos indirectos.

disminución de los empleados públicos y de las pérdidas de las empresas estatales, hizo posible que el Estado jugase un papel clave en la expansión de la inversión fija. La inversión pública creció en términos reales un 55 por ciento entre 1966 y 1970, y se empezaron o cobraron impulso obras entre las que se destacan la represa del Chocón, el túnel subfluvial Santa Fe-Paraná, el complejo Zárate-Brazo Largo, la central nuclear de Atucha y la pavimentación de la ruta 3.

Concebido como un ajuste global de la economía destinado a satisfacer los requisitos de los sectores más concentrados, el programa distribuyó los costos entre los demás sectores. Los productores rurales debieron ceder parte de sus ganancias extraordinarias derivadas de la devaluación del peso, la industria debió competir con bienes importados más baratos, los sindicatos se vieron privados de las negociaciones colectivas y las empresas estatales y la administración pública atravesaron un proceso de racionalización forzada.

Krieger Vasena renovó los contratos con las compañías petroleras extranjeras, eliminó los controles de cambio y firmó un nuevo acuerdo con el Fondo Monetario Internacional. Su política monetaria, a diferencia de lo que era habitual en los acuerdos con el FMI, se tradujo en un fuerte crecimiento de la oferta monetaria y del crédito bancario. Ganar la confianza de la comunidad económica era una meta decisiva para el triunfo del programa estabilizador. El ingreso de préstamos a largo plazo e inversiones directas del exterior se convertiría en el nuevo motor de la economía, que hasta entonces había sido el gasto público. Sin embargo, la reactivación económica de 1967 y 1968 obedeció a la acción estatal, en especial a las inversiones en obras públicas. La cara más visible de las inversiones del exterior fue la compra de empresas argentinas, hecho que agudizó la crítica de los nacionalistas. Las reiteradas invitaciones al capital externo que el ministro hacía en sus declaraciones públicas no eran suficientes. Era necesario asegurar que el rumbo económico habría de mantenerse y que la paz social no habría de sufrir alteraciones, una tarea que desbordaba las posibilidades de Krieger Vasena. La política era su talón de Aquiles, como bien lo muestra O'Donnell.[42]

42. O'Donnell, Guillermo: *El Estado burocrático autoritario, 1966-1973*, Buenos Aires, Ediciones Belgrano, 1982, cap. IV.

Hacia fines de 1968, la inflación había descendido desde un 30 por ciento anual a menos del 10 por ciento y los precios mayoristas habían subido un 4 por ciento contra un 21 por ciento en 1967; la balanza de pagos estaba equilibrada gracias a la entrada de capitales de corto plazo que fortaleció las reservas netas de divisas y compensó el desequilibrio generado por el deterioro en los términos de intercambio, y la economía había comenzado a expandirse en forma sostenida –el PBN creció el 5,3 por ciento contra el 3,6 por ciento del año anterior–. El déficit fiscal generado en gran medida por la reducción de las retenciones a las exportaciones agrícolas con la que se trató de compensar la caída de los precios mundiales ascendió sólo al 1,7 por ciento.[43]

El gobierno podía poner en su activo el hecho de que el ingreso salarial, como porcentaje del ingreso nacional, seguía por encima del nivel de 1966. Sin embargo, el éxito económico durante los dos primeros años de la gestión de Krieger Vasena no se tradujo en popularidad para el régimen militar. Los sectores afectados por una política cuyos principales beneficiarios eran las fracciones más poderosas de la comunidad de negocios no tardaron en manifestar su descontento. Los productores rurales se quejaban por el impacto de las retenciones a la exportación pese a que habían obtenido generosas desgrabaciones impositivas a las inversiones en el sector y logrado que se pusiera fin a la prórroga y congelamiento de los arrendamientos agrarios. Cuando el gobierno intentó imponer un impuesto a la renta potencial de la tierra para estimular la productividad y combatir la evasión fiscal, arreciaron las quejas ante una medida que consideraban "confiscatoria" y "colectivizante". Las pequeñas y medianas empresas, sin la protección arancelaria de la que habían gozado hasta entonces y sin acceso al crédito barato, acusaron al gobierno de querer concentrar y desnacionalizar la economía en nombre de la eficiencia y la competitividad. Las cooperativas de crédito que habían desempeñado un papel clave en el financiamiento de la pequeña y mediana industria y representado una seria competencia para los bancos y sociedades financieras, fueron el blanco de una política de requisitos y controles que logró reducir su volumen de

43. Pablo, Juan Carlos de: *Política anti-inflacionaria en la Argentina, 1967-1970*, Buenos Aires, Amorrortu Editores, 1972, págs. 64-86.

1016, en 1966, a unas 350 hacia el fin de la gestión de Krieger. La Confederación General Económica (CGE), organización que nucleaba a los empresarios del sector, no vaciló en calificar de entreguista al gobierno. Los sindicatos, por su parte, optaron por una prudente pasividad, alimentada por la tentación de un sector menor, pero significativo, que prefirió tolerar las políticas del gobierno a cambio de pequeños favores. En 1967 los días hombres perdidos por huelgas fueron 242.953, una cifra que contrastaba con los 1.664.800 perdidos en 1966. Pese a la baja moderada de los salarios reales, el descontento crecía en sus filas. No pocos dirigentes a nivel nacional confiaron en recrear la antigua alianza nacionalista entre militares y sindicatos, convencidos de que la política liberal de Krieger Vasena y su equipo era extraña a los designios de Onganía.

Los logros económicos no alcanzaron para disipar la inquietud de la jerarquía militar, particularmente sensible a las ideas que el Dr. Borda lanzaba desde el Ministerio del Interior. ¿Acaso debían limitarse a obedecer los designios políticos de un ministro decidido a buscar canales alternativos a los del constitucionalismo liberal y democrático? La crisis política larvada que se había anunciado en la columna "Semana Política" de *La Nación*, el 12 de mayo de 1968, estalló en agosto de ese año, cuando Onganía destituyó a los comandantes de las tres armas. El general Julio Alsogaray había criticado abiertamente la gestión de Borda e impulsado a los altos mandos a analizar la gestión del gobierno, con lo que precipitó su relevo. Cuando dejó el cargo hizo pública su preocupación por la orientación del gobierno, "poco clara en lo político" y criticó la concepción autoritaria y paternalista de la autoridad que tenía el presidente. Se dice que advirtió a su sucesor que "tarde o temprano surgirán discordias".[44] Reafirmado en su posición de jefe de la Revolución tras disolver a la Junta Militar que lo había nombrado, el presidente se dispuso a llevar adelante su plan político de crear un sistema de participación comunitaria, complementario del sistema de planificación y toma de decisiones. Cancelado el sistema político, postergado *sine die* el proceso electoral, confinados los sectores afectados por la transformación económica a obedecer disciplinadamente la autoridad, el presidente parecía confiar en que "el tiempo social" le brin-

44. *Análisis*, nº 438, 5 al 11 de mayo de 1969, pág. 6.

daría los apoyos necesarios para continuar en el poder. La paz que sucedió a la destitución de la Junta Militar era más aparente que real. Las críticas al esquema de participación sectorial provenientes tanto de defensores de la idea, pero renuentes a aceptar que se los confinara a un papel de asesoramiento, como de quienes denunciaban un diseño corporativista destinado a crear un partido oficial, ponían de manifiesto que el gobierno no lograba conformar a nadie. El primer consejo asesor económico-social puesto en marcha por el gobernador de Córdoba, Carlos Caballero, no había dejado dudas acerca del carácter que tenía la anunciada participación de los sectores representativos de la comunidad. Reducido a producir dictámenes sin carácter obligatorio para el gobierno de la provincia e integrado por miembros designados por Caballero a propuesta de las entidades de los distintos sectores de la producción y la cultura, su función era puramente simbólica. La población enfrentaba problemas concretos como los impuestos inmobiliarios y provinciales. Se había desatado una serie de movilizaciones de los centros vecinales sin encontrar eco en el gobierno.

La política de designación de gobernadores, basada en la idea de distribuir el país según las zonas de influencia de las tres armas, ignoró las enseñanzas que podían obtenerse de la estrategia desplegada por el general Urquiza después de Caseros. Los gobernadores, tratados como interventores federales por el presidente, no eran hombres representativos del lugar. Considerados intrusos, fueron un elemento clave del malestar creciente en las provincias. La retórica regionalista del gobierno, cara al nacionalismo, era letra muerta. Ignorantes del potencial de protesta que yacía en los esporádicos conflictos que rápidamente languidecían, los funcionarios vivían haciendo planes de gobierno, prolongadas reuniones profusas en organigramas, encerrados en un ambiente de corte. Las reuniones periódicas con los gobernadores, mecanismo concebido por el denominado "operativo participación", no se traducían en políticas concretas de solución de los problemas de cada provincia. La descripción de la tercera conferencia de gobernadores realizada en Altagracia, un año después, es ilustrativa. El semanario económico financiero *Análisis*, con el título "El cuento de la participación", hizo un balance de la reunión. "El intendente de Altagracia, Antonio Abraham, quiso recibir con esplendor al presidente de la Nación: sobre el pórtico de acceso a la ciudad hizo colocar un gigantesco cartel de género rústico ("Bienvenidos gobernadores") y, en las columnas del alumbrado, manojos de banderitas celestes y blancas. El lunes 5 Onganía llegó (...) pero ninguno de los 49.000 habitantes de la espléndida villa serrana se asomó al camino para verlo pasar..." El artículo recoge el editorial del diario cordobés *La Voz del Interior* que resume las impresiones dejadas por el cónclave: "De alguna manera, la reunión es una imagen bastante aproximada de la actualidad del país: estructurada, ordenada y dirigida desde Buenos Aires, es otra oportunidad para que se manifieste con todas sus aristas la política cerradamente unitaria que se está ejerciendo en la República..." El epílogo de la jornada –concluye la nota de *Análisis*– deparó a los gobernadores y funcionarios el único entretenimiento posible: mirar por televisión la pelea de Locche con Hernández en el Luna Park". Entrevistado por la prensa, el secretario de gobierno, Mario Díaz Colodrero, negó que en esa reunión se instrumentara un sistema corporativista. "Lo que ahora se hace es institucionalizar mecanismos de asesoramiento, cosa muy distinta de la de poner en práctica mecanismos de tipo político."[45]

La división del movimiento sindical entre una línea colaboracionista liderada por Vandor en las 62 Organizaciones y otra, que se negaba a convalidar al gobierno militar, pero también a movilizar a los trabajadores en su contra, las "62 De Pie", contribuyó al optimismo de Onganía, decidido a lograr una CGT apartidaria y despojada de líderes ambiciosos. Sin embargo, en el congreso celebrado por la CGT, en marzo de 1968, para elegir las autoridades de la organización –acéfala desde la renuncia de los responsables de la derrota de 1967– se fraccionó un movimiento de oposición conocido como la "CGT de los Argentinos", conducido por el dirigente gráfico Raimundo Ongaro y sostenido por los líderes de las industrias en crisis. Hasta entonces, este sector rebelde había desafiado sin éxito al gobierno. La reacción más vasta habría de surgir en la serie de conflictos a nivel de las fábricas que estallaron en las zonas industriales del interior. En esos conflictos hizo su aparición una nueva generación de cuadros sindicales, impregnada de una ideología de izquierda que movilizó el descontento de los trabajadores. A la ca-

45. *Análisis*, n° 426, 13 al 19 de mayo de 1969, págs. 6-7.

beza de las comisiones obreras, estos dirigentes combativos organizaron la resistencia. Fue precisamente en las industrias establecidas en el interior durante la década del 50, en las que se encontraban los obreros mejor pagos, donde floreció una conciencia reivindicativa que no se resignaba a aceptar las consecuencias que la suspensión de la negociación colectiva había acarreado. Esos trabajadores, en lugar de apoyar la política de estabilización de Krieger Vasena, se consideraban el sector más perjudicado por la imposición de controles a los salarios y, sobre todo, por la pérdida de su poder de negociación que trajo aparejada la suspensión de las negociaciones colectivas. Disponibles para movilizarse tras las propuestas que apuntaban al cambio global del sistema, se encolumnaron detrás de los nuevos liderazgos sindicales. Cuando la ola de descontento encontró su máxima expresión en Córdoba y Krieger Vasena tuvo que renunciar, se dice que comentó: "Me han volteado los obreros mejor remunerados del país...", los obreros del cinturón industrial cordobés. Esta era una constatación sorprendente para el ministro y para el propio presidente. Sin duda, el general Onganía se debe de haber sorprendido de la reacción de los trabajadores, no sólo porque provino, en este caso, de los obreros mejor pagos del país, sino porque la situación del sindicalismo había sido mucho mejor protegida que la de los partidos, disueltos y despojados de su patrimonio. Por otra parte, la Revolución les confería un papel central en la vida pública en un tiempo mucho menos remoto que el que deberían esperar los partidos políticos.

El año 1969 comenzó con signos económicos auspiciosos. La tasa de inflación anual rondaba el 7 por ciento, el nivel de actividad continuaba en ascenso y se estimaba que el PBN alcanzaría el 8,9 por ciento hacia el fin del año. Las reservas netas de divisas eran las más altas desde 1946. Onganía anunció el comienzo del tiempo social, convencido de que los logros económicos de su gobierno estaban destinados a perdurar y a salvaguardar la calma alcanzada hasta entonces. Lo que no cabía en los planes de Onganía era la presunción de que la paz social obedeciera a una tregua forzada por el gobierno, antes que a la voluntad de los diversos sectores sociales de resignarse a aceptar la consolidación de un orden muy distinto al que habían imaginado y al que comenzaron a percibir como un peligro real para lograr sus aspiraciones.

II. LA REVOLUCIÓN
A LA DERIVA

1. La protesta social

Las protestas de los estudiantes universitarios fueron la primera señal del estado de efervescencia social que habría de desatar el "nuevo mayo argentino", como lo denominara el obispo de Avellaneda, monseñor Jerónimo Podestá.[1] Ese clima no era ajeno a la difusión de las tesis católicas radicales por parte de una minoría de sacerdotes pertenecientes al Movimiento para el Tercer Mundo. La influencia conservadora que la jerarquía eclesiástica ejercía sobre millares de jóvenes argentinos estaba siendo socavada, y este hecho habría de tener una importancia decisiva en la aceptación de la lucha armada y el florecimiento de expresiones del nacionalismo iz-

---

1. Desde mediados de la década del '60 se comenzaron a perfilar dos posiciones en el seno de la Iglesia argentina como consecuencia del impacto de las nuevas ideas planteadas en las asambleas de la Conferencia Episcopal Latinoamericana (CELAM): la preconciliar y la posconciliar, representada por Dom Helder Cámara, obispo brasileño. Podestá interpretó el sentido de estos cambios y previó con lucidez que separaban "un mundo que termina y otro que nace", abogando por un desarrollo democrático, de promoción de las masas populares. Véase Monseñor Jerónimo Podestá, "El vacío de poder se llena con el pueblo", *Cuadernos de Marcha*, Montevideo, n° 27, julio de 1969, págs. 9-12.

quierdista y popular.[2] Las declaraciones más radicales hechas en la Conferencia Episcopal Latinoamericana de Medellín, celebrada en Colombia en 1968, incitaron a una revolución teológica: otro debía ser el papel de la Iglesia y de los cristianos en el mundo; debían participar activamente en la gestión del cambio social hacia un régimen más justo. Los cristianos no podían ser indiferentes ante la injusticia y la violencia de los opresores. La Iglesia, desde esta perspectiva, asumía una función abierta de liderazgo social y político. La preocupación por los problemas sociales, el aliento a las reivindicaciones populares, la legitimación de la acción revolucionaria y la identificación del cristianismo con el peronismo, cuya figura emblemática fue el padre Mugica, configuraron una nueva moral cristiana que se convirtió en uno de los rasgos distintivos de la "nueva oposición política" surgida a finales de la década del sesenta. Monseñor Gerónimo Podestá, representante de las tesis moderadas sostenidas en Medellín, rechazó la confusión entre el liderazgo profético y el político, pero defendió el *aggiornamento* católico, condenando las estructuras sociales injustas y el régimen político opresivo.[3] La pastoral de monseñor Raúl Primatesta, arzobispo de Córdoba, titulada "No puedo aceptar una sociedad en la que los intereses de grupos dominen sobre el bien común" señalaba, tres días antes de que estallara el Cordobazo: "Pedimos a la comunidad cristiana (...) que con urgencia nos comprometamos a lograr un estado de justicia para todos, en especial para los más débiles y necesitados, abandonando los egoísmos personales y de grupos a través del ejercicio digno y responsable del diálogo en la comunidad".[4] Después de Medellín, la Iglesia argentina exigía el cumplimiento de los ideales de la *Populorum Progressio* promulgada por el papa Pablo VI en 1967.

Ante la gravedad de los sucesos, el Episcopado emitió una declaración el 29 de mayo en la que incitaba al gobierno a "aceptar por las vías normales el contacto y el diálogo con los diversos sec-

2. Véase Gillespie, Richard: *Soldados de Perón. Los Montoneros*, Buenos Aires, Grijalbo, 1982, págs. 79-80.

3. Monseñor Gerónimo Podestá, art. cit.

4. Texto completo reproducido en *Cuadernos de Marcha*, Montevideo, n° 27, julio de 1969, pág. 47.

tores que integran y contribuyen al progreso de la Nación".[5] Sin duda, la preocupación mayor de la Iglesia era el fuerte viento de cambio que la sacudía, cuyas consecuencias se ponían de manifiesto en la creciente participación de los "curas rebeldes" en las luchas populares. La revista católica *Criterio*, en sus números 1565-1566 de febrero de 1969, anotaba que "la cruda realidad que vivimos es que el gobierno no sabe qué hacer con los universitarios" y "poco serviría exigir a los funcionarios que ha colocado, los proyectos e iniciativas que no pueden darle, porque la selección de tales funcionarios no se hizo por criterios de idoneidad (...) sino de amistad con los grupos o cenáculos consolidados dentro de una estricta ortodoxia ideológica". Pocas semanas después, los estudiantes de la ciudad de Corrientes salieron a las calles y uno de ellos fue muerto por la policía. El detonante de lo que algunos llamaron "la semana rabiosa" había sido el aumento de los precios del comedor universitario. Sin embargo, la transferencia de un servicio social a la explotación privada no es una explicación suficiente para comprender la agitación que se extendió al resto de las universidades, particularmente en Rosario, donde murieron dos estudiantes y la ciudad se convirtió en el escenario de una rebelión popular. La crítica a la gestión del gobierno en las universidades provenía tanto de círculos laicos como católicos. La revista *Criterio*, en su n° 1573, del 12 de junio, dedicó el editorial titulado "El fracaso de una política" a señalar que los episodios ocurridos en la Universidad del Nordeste no eran casuales: "esta institución ha debido soportar sucesivamente el gobierno de dos hombres, los rectores Devoto y Walker, carentes de idoneidad para el cargo, sin antecedentes universitarios, extraños al medio y de una mentalidad reaccionaria (...) Pero eran amigos políticos del secretario de Educación".

Un problema que vino a encrespar los ánimos en Córdoba, la segunda provincia en concentración industrial en el país, fue la derogación de la Ley 3546 de 1932, conocida como de "sábado inglés". La agitación estudiantil convergió con la movilización del SMATA (sindicato del sector automotor) contra esa medida. A partir de entonces, los hechos se precipitaron y el tema sindical se convirtió en

5. Cristiani, Arnaldo: "'La Iglesia tercerista' en los sucesos de mayo y junio de 1969", *Cuadernos de Marcha*, Montevideo, n° 27, junio de 1969, págs. 19-24.

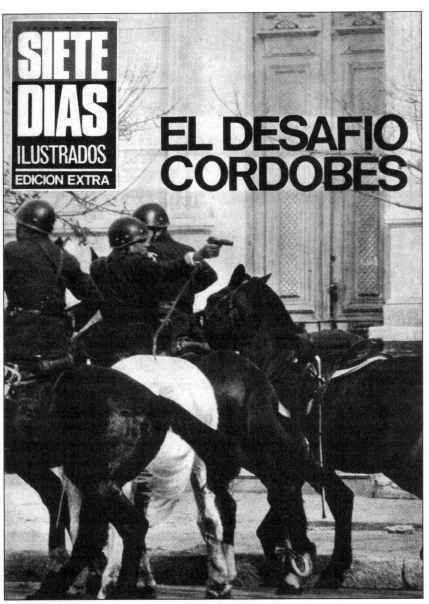

SIETE DIAS
ILUSTRADOS
EDICION EXTRA

EL DESAFIO CORDOBES

Tapa del semanario Siete Días, en una edición especial dedicada a los acontecimientos ocurridos en la capital de Córdoba.

tema político. Las dos centrales obreras se vieron obligadas a decretar un paro general para el día 30 de mayo, que en Córdoba se adelantó al día 29, fecha que coincidía con el día del Ejército. Los choques entre estudiantes y policías y la represión de las asambleas de trabajadores fueron el preámbulo de lo que se llamaría el "Cordobazo": los días 29 y 30 de mayo obreros y estudiantes ocuparon el centro de la ciudad desafiando a la autoridad del gobernador Caballero. Los trabajadores abandonaron las plantas industriales y desde los cuatro puntos de la ciudad comenzaron a marchar hacia el centro para participar en un acto previsto frente a la CGT. A las columnas obreras se sumaron estudiantes y gente del lugar. Desbordada por una multitud enardecida y por la acción de francotiradores, la policía se retiró. La ciudad quedó en manos de la gente y se produjeron numerosos actos de destrucción, en particular contra propiedades de firmas extranjeras, aunque no se produjeron actos de saqueo o pillaje. La rebelión cedió más tarde, con la ocupación de la ciudad por tropas del Ejército.

Era de conocimiento público que un movimiento importante estaba planeado para el día 29. El día anterior, en una reunión del CONASE se discutió la situación en Córdoba y en el curso de la misma surgieron diferencias entre los que veían el problema como un asunto de seguridad y los que creían que era necesaria una política que eliminara las causas de los desórdenes. El general Lanusse, quien había reemplazado en el cargo de comandante en jefe del Ejército al general Alsogaray, se habría opuesto al estado de sitio, argumentando que la situación no era tan grave como otros pensaban, y habría logrado imponer su opinión. Esa actitud, a la luz de los acontecimientos posteriores, sembró la desconfianza en el entorno de Onganía. No fueron pocos los que supusieron que detrás del comportamiento de Lanusse se escondía su ambición presidencial y así lo sostuvo el doctor Pérez Guilhou, quien no vaciló en calificarlo como traidor.[6] La sospecha de intrigas en la cúpula del poder no abandonó al régimen militar a lo largo de toda su trayectoria.

El saldo de la rebelión cordobesa, un total de 14 muertos y más de 50 heridos graves de bala, y la destrucción de la propiedad, provocó alarma y asombro. Los motines populares eran expresiones de

6. Entrevista al doctor Pérez Guilhou, julio de 1998.

protesta con pocos antecedentes en la historia reciente. Desde el derrocamiento del peronismo, la lucha política no siempre se había librado dentro de los marcos legales; sin embargo, los líderes sindicales habían evitado ser desbordados por sus bases. Las movilizaciones de masa habían sido un instrumento de chantaje dentro de una estrategia de negociación. Al suprimir los canales legales y extralegales por los que había transitado la estrategia sindical, el gobierno militar pavimentó el camino para las rebeliones espontáneas que habrían de estallar en el interior del país.

El gobierno concluyó que se trataba de un complot subversivo planeado con cuidado, llevado adelante por guerrillas urbanas. Onganía, en lo que fue una confesión de su desazón, dijo: "Cuando en paz y en optimismo la república marchaba hacia sus mejores realizaciones, la subversión, en la emboscada, preparaba su golpe". En realidad, los hechos demostraron que si hubo algo planificado fue el abandono de las tareas, la movilización hacia el centro de la ciudad y la confluencia final en un gran acto masivo frente a la CGT. Lo que sucedió después, se desarrolló espontáneamente y desbordó a los líderes sindicales que si algo preveían era la posibilidad de ser

Imágenes de la ciudad durante el Cordobazo.

72

arrestados, pero nunca ser juzgados por insurrección. ¿Qué hizo posible la adhesión masiva y la participación de la gente? Múltiples descontentos nacidos de la frustración política, la ausencia de libertad intelectual, el deterioro de la situación económica por la política centralista del gobierno y la gestión autoritaria del gobernador Caballero, conjugaron la acción de estudiantes universitarios, sectores sindicales peronistas decepcionados por la gestión de Onganía, partidarios del radicalismo desplazado del gobierno en 1966, que en la ciudad y en la provincia tenían una amplia base de apoyo popular y hasta conservadores descontentos con el correligionario que gobernaba su provincia como un autócrata.

Tapa del diario La Razón *dedicada por completo al Cordobazo.*

¿Cómo fue interpretado entonces, el Cordobazo? Reuniendo a obreros y estudiantes, el estallido social en Córdoba ofrecía la prueba de que se había abierto un camino, la señal de que algo diferente y nuevo era posible en el país. No previsto ni por el gobierno ni por la oposición, los misterios que encerraba le dieron la fuerza de un símbolo y la capacidad de servir a los más variados proyectos políticos. Para los sectores de la izquierda, era la esperanza de construcción de un nuevo orden que reconocía en el movimiento peronista el aglutinante capaz de soldar a la nueva izquierda surgida de las luchas sociales, al pasado con el futuro, y de llevar a la sociedad argentina hacia la "patria socialista".

Pocos días antes de los sucesos en Córdoba, *La Prensa* había publicado un artículo firmado por Federico Toranzo Montero en nombre de la Comisión de Afirmación de la Revolución Libertadora que refleja bien el amplio espectro del descontento. En el mismo, Toranzo Montero afirmaba: "Rosas y Perón cayeron abyectamente (...) sus émulos militares que demagógicamente contribuyen a la revitalización del proceso irreversible (...) no serán tolerados por el pueblo argentino (...) que no admitirá la presencia incondicional de dictadores por bien intencionados que fueren".[7]

Aunque errado en su diagnóstico, el gobierno alcanzó a valorar la profundidad del descontento popular puesto de manifiesto en los acontecimientos de mayo y a intuir la radicalización de las posiciones que podría traer aparejada. Cundieron las recriminaciones mutuas en la cúpula militar y se intensificaron las diferencias que habrían de alentar planes rivales para el futuro, pero prevaleció el espíritu de cuerpo y cerraron filas detrás de Onganía. El Cordobazo había sacudido la coraza del régimen militar y puesto en duda su capacidad para imponerse por la sola voluntad de la fuerza. Onganía, seguro de que la racionalidad y eficacia de sus políticas habrían de legitimarlo en el ejercicio del poder, confiaba en que esto era suficiente para conservar el crédito que sus camaradas de armas le habían otorgado. Se abocó entonces a la tarea de explicar en qué consistía su concepción de la participación de la comunidad en el marco del diseño de las políticas nacionales elaborado por el sistema de planeamiento, y simultáneamente proclamó la inminencia del

7. *La Prensa*, 23/5/1969.

"tiempo social". Su discurso del 7 de julio no abrió un calendario político, como esperaban los partidos tradicionales. Fue una fría rendición de cuentas al ejército de la obra desarrollada en los tres años de gobierno. Los rumores sobre el probable derrocamiento de Onganía por sus camaradas de armas circulaban por todas las redacciones periodísticas.

En el nuevo clima surgido del Cordobazo, el general Aramburu, que se había mantenido al margen del gobierno, comenzó a propiciar una salida negociada a través de la rehabilitación de los partidos políticos, responsables de canalizar la protesta, con el objetivo de llevar al poder a un candidato presidencial que tuviera el visto bueno de las Fuerzas Armadas. Pero el tiempo político seguía pospuesto para un futuro remoto y sólo la intensidad de la violencia que se desató a partir de entonces habría de terminar por convencer de la conveniencia de esta solución a la corporación militar.

El Cordobazo tuvo un efecto de demostración, a pesar de las medidas represivas. A partir de entonces se sucedieron los alzamientos populares en las ciudades del interior, proliferaron las huelgas en abierto desafío a las direcciones sindicales nacionales y la protesta estudiantil penetró las universidades. Sin embargo, estos tumultos de amplia base popular fueron perdiendo intensidad y frecuencia y el centro de la escena fue ocupado por la guerrilla urbana.

La violencia se instaló con la convicción de que los trabajadores estaban preparados para llevar a cabo la lucha decisiva por el poder. Los grupos guerrilleros habían evolucionado desde el patrón clásico de bandas armadas compuestas por militantes clandestinos, común en América Latina y practicado en el país entre 1959 y 1964, hacia organizaciones de masas cuyos miembros mantenían diversos grados de participación en la lucha armada. La amplia participación de jóvenes de la clase media fue el rasgo distintivo de la experiencia argentina. Para estos jóvenes rebeldes que habían crecido en un clima de descreimiento en la legitimidad del proceso electoral –habían visto el veto militar a las elecciones de 1962, la proscripción del peronismo en 1963 y la toma del poder en 1966, por generales dispuestos a detentarlo *sine die*– el Cordobazo fue idealizado hasta convertirlo en una figura romántica. Ingresaron a la política a través de movimientos insurreccionales de variada inspiración ideológica, para los que la violencia, paradójicamente, se convertía en el camino

Pedro Eugenio Aramburu, teniente general y ex presidente
provisional de facto. Secuestrado por la organización Montoneros
el 29 de mayo de 1970.

obligado hacia la pacificación. Como lo muestra Gillespie, la fuerza
impulsora de los grupos que tomaron las armas entre 1966 y 1973,
antes que un conjunto de ideales o una noción de utopía, era una
cultura de rebelión arraigada en el contexto político y social de ese
momento, en el marco de una historia de crisis políticas recurren-
tes. El ala combativa del peronismo fue en un principio muy heterogénea, particularmente antes de la fusión de otros grupos con los
Montoneros, durante 1972 y 1973. Esos grupos eran de origen marxista y tenían una cosmovisión, mientras que los grupos nacionalistas buscaban una ideología, o bien tenían poco tiempo o interés para dedicarse a esa tarea. Dentro de la vertiente nacionalista, decidida a ligar la cuestión nacional con la redención popular, había grupos a los que el catolicismo les proporcionaba un puente con la Teología de la Liberación y por esa vía, una visión, aunque confusa, de
una sociedad basada en la justicia social. A grandes trazos puede
afirmarse que los fundadores de las "formaciones especiales", brazo
armado de la juventud peronista, tenían muy claro a qué se oponían,

pero no lo que defendían. Su objetivo era anular toda manifestación política de colaboración, todo intento de solución política para la crisis militar en pos del retorno de Perón. Su utopía era una visión del pasado, no del futuro. La influencia de la Revolución Cubana como estrategia de conquista del poder se compaginaba con la valoración de proyectos tan disímiles como los de Castro en Cuba, Allende en Chile, Velasco Alvarado en Perú y Torrijos en Panamá. Ninguno de los grupos guerrilleros pudo traducir sus preferencias por el futuro de la Argentina en un programa político, ya sea por la percepción de que Perón era la solución, ya sea porque la lucha armada misma era concebida como el proceso revolucionario y la violencia una parte integral de la solución.[8]

La audacia de los grupos guerrilleros fue creciendo en relación directa con la tolerancia que encontró en la clase política y la benevolencia de una opinión pública que terminó por acostumbrarse a una acción política que si bien no era totalmente nueva, nunca se había empleado para dirimir los conflictos sociales en la historia reciente. El ex presidente Frondizi fue el primero en avalar públicamente la violencia popular. El diario *El Clarín*, el 3 de junio de 1969, publicó una declaración de Frondizi en la que afirmaba que "La violencia popular es la respuesta que procede de la violencia de arriba: salarios cada vez más insuficientes, enorme presión impositiva, desnacionalización de la economía, agresión a la universidad. Por eso no hay pacificación posible que no se funde en el cese de la violencia que engendra la actual política económico-social". A esta explicación economicista, se oponía la interpretación política del general Lanusse. El argumento de Lanusse, según el cual la violencia era provocada por la clausura de todos los canales de expresión de la voluntad popular, bien podía interpretarse como una invitación a considerar que mientras no se restablecieran plenamente las instituciones democráticas, no estaba totalmente injustificada. Ese razonamiento habría de ser una pieza clave en su empresa de buscar el consenso militar hacia una salida electoral.[9] Sin embargo, el corolario obligado del razonamiento de Lanusse, de que una vez restaurada la democracia constitucional ya no habría condiciones para los violen-

8. Gillespie, Richard, ob. cit.
9. Lanusse, Alejandro A.: *Mi testimonio*, Buenos Aires, Laserre Editores, 1977.

tos, era una advertencia para aquellos que la habían practicado de que no tendrían un lugar en el nuevo orden en gestación. En la medida en que quedaban excluidos del proyecto político tanto los guerrilleros como su jefe político exiliado, la estrategia de Lanusse vino a reforzar el vínculo entre ambos y de ese modo, convirtió a Perón en el árbitro de la salida institucional. En su último libro, *Confesiones de un General*, Lanusse escribió: "Entonces no parecía tan alucinante como la podemos ver ahora esa mezcla de nacionalismo, de tradicionalismo semifeudal, de fascismo, de industrialismo, de llamamientos al deber de las Fuerzas Armadas, de apología de la violencia, de guerrillerismo y de complejas tesis antiguerrilleras, de teorías de la modernización y de nostalgia cultural. Muchas razones históricas y hasta psicológicas explican la melancólica mirada cariñosa que numerosos defensores de los valores clásicos dispensaron a la violencia. No sé por qué, además, siempre se desdeñó la afinidad que genera la circunstancia de compartir metodologías".[10] De esta lectura retrospectiva del general Lanusse sobre el clima político y cultural que se instaló a mediados de los años sesenta en el país, es interesante subrayar el creciente desconcierto que la espiral de violencia provocó en el cuerpo de oficiales. Sólo así se explica la cada vez más tibia reacción que le prodigaron. Las sospechas de vinculaciones entre oficiales retirados y Montoneros, a la que contribuyó la oposición de Lanusse a sacar la investigación del secuestro y asesinato de Aramburu de las manos de la Policía Federal, muestra que existía una tácita aceptación de la violencia como instrumento político. Aún no se percibían los alcances de una acción que habría de ser el sustento de una estrategia de oposición a cualquier intento de conciliación.

La reacción inmediata de Onganía sirvió para calibrar el impacto que los acontecimientos habían tenido en el presidente, poco afecto, como se dijo, a tomar decisiones bajo la presión de las circunstancias. Onganía cambió su gabinete. Aprovechó para remover a Krieger Vasena y designar en su lugar a José María Dagnino Pastore, un técnico sin antecedentes políticos, y reemplazó a Borda, cuestionado por los sectores liberales, por su tendencia nacionalista

10. Lanusse, Alejandro A.: *Confesiones de un General*, Buenos Aires, Planeta, 1994, pág. 258.

Propaganda de Tato (Bores), uno de los más importantes humoristas políticos.

y pro peronista. Franciso Imaz, entonces gobernador de la provincia de Buenos Aires y hombre de ideas afines a las suyas, ocupó la cartera de Interior. Dardo Pérez Guilhòu reemplazó a Astigueta, dejó sin efecto los nombramientos previos e inició una gestión de orientación diametralmente opuesta a la de sus antecesores. El nuevo equipo de orientación social cristiana fue blanco de la crítica de liberales e izquierdistas, sea porque se avizoraba que tiraría por la borda los logros alcanzados por el "tiempo económico" en pos del "tiempo social", sea porque se lo acusaba de "entreguista" y responsable de un "desarrollismo excesivamente dependiente".

Onganía, en mensaje del 4 de junio, el primero que pronunció después del Cordobazo, anunció "la intención del gobierno de instrumentar los mecanismos adecuados para alcanzar la efectiva concurrencia de las fuerzas del trabajo en el proceso de transformación que se cumple. Las reivindicaciones sociales tienen que tener un cauce". Se apresuró a proclamar la necesidad de una organización sindical unida y auténticamente representativa –tarea en la que estuvo empeñado desde el comienzo de su gobierno– y a prometer la renovación de las convenciones colectivas de trabajo, en clara señal de su voluntad de buscar acuerdos con los líderes sindicales que garantizaran su cooperación con el gobierno.

2. El partido militar

Con la salida de Krieger, también desaparecieron los avales políticos que el *establishment* había concedido al gobierno. Soportaban a Onganía porque no había habido otra solución para el reemplazo de Illia, pero sin Krieger Vasena en el Ministerio de Economía, desconfiaban del rumbo que podía darle al país un general proclive a señalar que la fuerza laboral era uno de los pilares de la Revolución. *La Prensa*, en un editorial del 10 de julio de 1969, mostró su preocupación por el discurso del presidente, afirmando que la democracia es incompatible con la existencia de una central única y fuerte. El intento de sellar un acuerdo político con el sindicalismo y postergar para un futuro indefinido la reanudación de la política partidaria estaba en marcha. En junio de 1969, el asesinato de Augusto Vandor, jefe de las 62 Organizaciones peronistas que controlaban la

Portada de La Causa Peronista, *en la que se relatan las últimas horas del general Aramburu.*

CGT de Azopardo, interrumpió una alianza que podía haber sacudido el aislamiento en que se encontraba el gobierno. Vandor, apodado "El Lobo", era por entonces el hombre clave para reconstruir la unidad al movimiento sindical. Éste fue el primero de una serie de asesinatos políticos que habrían de instaurar esta práctica punitiva en la política argentina. El secuestro y posterior asesinato del general Aramburu, en mayo de 1970, sorprendió a todos. La desaparición de quien muchos veían como el candidato para presidir la transición institucional hacia un gobierno elegido en las urnas, era una ominosa advertencia con la que hacían su aparición pública los Montoneros.[11] Este movimiento, en el que habrían de confluir más tarde la mayoría de los grupos armados y las corrientes revolucionarias de la Juventud Peronista, se adjudicó la ejecución de Aramburu, a quien acusaron de ser responsable por los fusilamientos de civiles y militares que habían participado de un levantamiento contra la Revolución Libertadora.

En un contexto marcado por el descontrol de una violencia percibida como no totalmente injustificada por amplios sectores de la sociedad, se produjo el rápido deterioro de la situación económica. Dagnino Pastore había asegurado poco después de asumir su cargo que "el panorama con que se cierra la década de los años sesenta es alentador, pues ha preparado el terreno para la etapa de desarrollo sostenido con estabilidad". No obstante, a la fuga de capitales causada por la desconfianza que siguió a la remoción de Krieger Vasena se sumó el alza de los precios, empujados por la aceleración de los precios de la carne que acumularon un aumento de casi 100 por ciento en el año. Los salarios se renegociaron a niveles que estaban un 20 por ciento por encima de los anteriores, en medio de un clima de generalización de los conflictos laborales y de reanudación de las pujas por la distribución del ingreso .

La promesa de una vuelta a las negociaciones colectivas y el decreto ley del mes de febrero de 1970, por el cual Onganía entregó a los sindicatos el control de las obras sociales, llegaron demasiado tarde para neutralizar el descontento laboral. El poder del presidente estaba debilitado, cundían los rumores sobre su relevo y lo que era

11. Los Montoneros no reivindicaron el asesinato de Vandor, aunque fueron los responsables, según lo indican las informaciones recogidas por Gillespie.

más importante, los dirigentes sindicales no estaban en condiciones de controlar la activación popular. La sanción del Decreto ley 18.610, que regulaba el funcionamiento de las obras sociales, confirió un notable aumento de poder económico a los dirigentes gremiales. Los recursos de las obras sociales se habrían de acrecentar gracias al aporte obligatorio de patrones y trabajadores a las obras sociales. Para administrarlo, Onganía creó el Instituto Nacional de Obras Sociales (INOS), encargado de fiscalizar el manejo de los fondos, las inversiones y los planes futuros de las obras sociales e integrado por una mayoría de funcionarios designados por el gobierno, pero con más representantes sindicales que patronales en su directorio. Reclamado por los sindicalistas, considerado por el gobierno como un importante avance en el "tiempo social", el sistema de obras sociales que hacía del movimiento sindical la fuerza corporativa más sólidamente financiada del país, no sirvió para asegurar una cooperación mayor por parte de los líderes sindicales; era un intento agónico. Francisco Manrique anunció al INOS como "la obra social del gremio de los argentinos". Los militares habían aceptado la contribución obligatoria con la condición de que todos los trabajadores y no sólo los integrantes de los sindicatos, tuvieran acceso a los servicios y que los fondos fueran colocados exclusivamente en bancos controlados por el Estado. Esta última medida permitiría congelar las cuentas bancarias de aquellos sindicatos que realizaran huelgas ilegales o actos de violencia. El eslogan de Manrique, pese a que el INOS no alcanzó a llevar a la práctica sus funciones fiscalizadoras, funcionó como una amenaza que no dejó de cernirse sobre el mundo sindical en los gobiernos posteriores. La otra medida conciliatoria, la amnistía a los líderes sindicales y otros detenidos que habían participado del Cordobazo, decretada por el presidente para contribuir a la pacificación interna, libró a los militares del dilema de aplicar la desprolija justicia militar, pero puso de manifiesto que el gobierno debía obedecer a la lógica de un proceso que no controlaba.

Pese a que las Fuerzas Armadas debieron hacerse cargo de la represión ante la impotencia de la Policía, Onganía persistió en su tesis de mantener al Ejército fuera de la política. En agosto de 1969 *Primera Plana* había publicado un artículo sobre los enfrentamientos entre el presidente y Lanusse; el título de tapa era "La ofensiva de Lanusse", con una foto del general en su portada. La respuesta fue la clausura del semanario desde cuyas columnas se había preparado laboriosamente la Revolución Argentina.

¿Podía Onganía conservar el poder? ¿Qué cartas retenía en su mano el presidente que el 30 de noviembre de 1969 había consagrado la Nación Argentina a la "protección y divina invocación del Inmaculado Corazón de María? El documento sobre políticas nacionales estaba lejos de proporcionar respuestas a los interrogantes que se habían planteado en las Fuerzas Armadas. Se fijaban los objetivos de política económica, social, educativa, científica e internacional, otorgando al Estado un papel protagónico, pero no se establecía cómo habrían de instrumentarse. El capítulo sobre la reforma político-institucional no hacía ninguna referencia a las instituciones de la democracia representativa. Perón, por su parte, seguía gravitando en la política nacional y nada era más ilusorio que imaginar que podía integrarse al peronismo sin su líder. El 8 de junio, Onganía debió abandonar la Casa Rosada. En su renuncia, escrita después de una estéril resistencia, en medio de los cortes de la luz y del agua, señalaba "Las circunstancias que el país ha vivido en estas últimas

Portada del diario La Prensa, *después de la renuncia de Onganía.*

84

horas me obligan, bajo la presión de las armas a alejarme del cargo de presidente de la República". Cuatro años atrás, Illia había sido expulsado de la Casa Rosada en forma menos discreta. Una medida de la falta de realismo de Onganía fue su convicción, expresada en un comunicado emitido pocas horas antes de su defenestración, de ejercer el cargo "en nombre del pueblo argentino". En la multitud que se había agolpado en la Plaza de Mayo estaban los que cantaban la Marcha Peronista y los que gritaban libertad; todos en la común espera de la caída del hombre que habían recibido con esperanza cuatro años atrás.

El ex presidente y varios de los funcionarios de su gobierno atribuyeron su caída a la traición de Lanusse. Pero ¿por qué triunfó la traición? Sin duda, Lanusse supo conquistar el apoyo de un amplio espectro de la opinión militar entre oficiales en actividad y retirados que no estaban dispuestos a seguir sosteniendo a un presidente que los excluía de toda decisión política, proponía un plan cuya realización no tenía plazos y cuyo contenido despertaba la desconfianza de todos. Lanusse escribió en su libro: "No supimos ver que la política existía y que nada sería más peligroso que la soberbia de considerarla inexistente". Sin embargo, la filosofía de Onganía, "ese corporativismo desangrado y estéril" en conceptos de Lanusse, preparó el camino por el que iba a transitar el hombre que aspiraba a controlar el destino del proceso iniciado en 1966.[12] Perón había acertado en su diagnóstico, Onganía era un buen soldado, pero conducir un país requería de otras habilidades. La política se coló en su gobierno y la descubrió demasiado tarde. "Creo que de este mozo habrá que decir lo que decía Agustín Álvarez de Lavalle: ¿Quién lo metió al general Lavalle a reformador institucional, asunto que no era del arma de Caballería?" sentenció Perón. Treinta años después, conocido el desenlace, Mariano Grondona admitió: "Nos equivocamos. Onganía no resultó un déspota a la manera de Franco, antes de él, o Pinochet, después de él. Lo habíamos sobreestimado".[13] ¿Acaso este dictador frustrado y poco ilustrado fue un invento de las columnas de *Primera Plana*, que vino a ocupar un lugar que muchos creían vacío y, para llenarlo, estaban dispuestos a disimular sorprendentes ignorancias?

12. Lanusse, Alejandro: *Mi testimonio*, ob. cit., pág. 130.
13. *Clarín*, 26 de junio de 1996, pág. 18.

LA JUNTA DIRIGE UN MENSAJE AL PUEBLO; DIMITEN MINISTROS

ONGANIA PERMANECE EN LA RESIDENCIA DE OLIVOS · CALMA EN EL PAIS; TROPAS VUELVEN A SUS CUARTELES

Portada del diario Crónica.

La primera medida de la Junta de Comandantes que tomó el control del gobierno fue reorganizar la estructura del poder militar. El futuro presidente debería compartir la autoridad con la Junta de Comandantes en las cuestiones legislativas de mayor importancia. Esta decisión, destinada a evitar las tentaciones de quien ocupara el sillón presidencial, pronto se habría de mostrar insuficiente para delimitar las competencias de los respectivos poderes. Contrariando las expectativas de muchos de sus simpatizantes militares y civiles, y el antecedente del general Ramírez en 1943, Lanusse rechazó la presidencia. Esta decisión, similar a la adoptada por el general Agustín Justo después de la revolución de 1930, lo situaba en posición de aspirar a la presidencia constitucional. El tiempo habría de mostrarle que el paralelo histórico con Justo no habría de concretarse en la realidad política de la revolución iniciada en 1966. Autoexcluido Lanusse, el general Roberto Levingston, agregado militar y delegado de la Argentina en la Junta de Defensa Interamericana en Washington, fue designado para ocupar el cargo después de barajar los nombres de distintos candidatos entre militares retirados, como Juan

Guglialmelli, director de la revista *Estrategia*, identificado con el desarrollismo y Osiris Villegas. Prefirieron a este general, desconocido para la opinión pública, porque había permanecido en el exterior desde 1969, no podía atribuírsele participación en la caída de Onganía y su perfil ideológico era difuso. Encargado de construir "un sistema político eficiente, estable y democrático, bajo la forma federal, representativa y republicana", ésta no fue, sin embargo, la interpretación de su mandato que hizo el general Levingston, quien se creyó investido de la responsabilidad de iniciar lo que a su entender sería el "segundo ciclo" de la Revolución Argentina. Pronto surgieron tensiones entre el presidente y la Junta que habrían de culminar en un conflicto abierto nueve meses después.

Al asumir la presidencia, la Junta ya había completado las designaciones en el gabinete y en las principales gobernaciones, y aprobado, con ligeras modificaciones que no alteraron su orientación desarrollista, el documento sobre las políticas nacionales elaboradas por los técnicos de los organismos de planeación durante la gestión de Onganía. El nuevo presidente se encontraba con funcionarios que no había elegido y líneas de trabajo ya definidas. Carlos Moyano Llerena, antiguo colaborador de Krieger Vasena, ocupó el Ministerio de Economía y puso en práctica medidas similares a las tomadas por Krieger Vasena en 1967: devaluó el peso de 350 a 400 $ por dólar y, como entonces, el gobierno se apropió de la renta adicional mediante nuevos derechos a la exportación, bajó los aranceles de importación y convocó a un nuevo acuerdo de precios. Moyano Llerena intentaba salvar los logros del programa de Krieger, pero el contexto político no era el de 1967 y no pudo frenar el deterioro de la economía. La devaluación fue interpretada como síntoma de una futura inestabilidad del peso y la aceleración de la tasa de inflación llevó al gobierno a conceder un aumento general del 7 por ciento en los salarios y a prometer un nuevo incremento del 6 por ciento a partir de 1971.

Al rumbo incierto de la economía se agregó la cuota de incertidumbre que el propio presidente trajo consigo. Levingston no se resignó a la misión que le fuera confiada, decidido a encarar el nuevo ciclo militar con la misión de gestar "un nuevo modelo para la Argentina" basado en una "democracia jerarquizada y ordenada". Esta idea, cara a la tradición católica del Ejército, era reavivada desde

Jura del presidente de facto general Roberto M. Levingston.

las columnas de Mariano Grondona en *Primera Plana*. El significado de los mensajes del presidente se hizo más claro en el mes de octubre, cuando Levingston se desembarazó de los ministros que le había impuesto la Junta de Comandantes y nombró a Aldo Ferrer en el Ministerio de Economía. Ferrer, un economista vinculado a las ideas de la Comisión Económica para América Latina (CEPAL), era partidario del fortalecimiento del Estado y de la industria nacional. La nueva dirección se tradujo en un conjunto de medidas favorables a las empresas argentinas, sostenidas en la idea de que "el sistema productivo y financiero argentino revela un alarmante grado de extranjerización. Esta situación debe rectificarse". La ley de "compre nacional" obligó a todas las dependencias estatales a adquirir bienes y servicios a la firma del país. También la política crediticia se orientó hacia las empresas nacionales. La orientación nacionalista del gobierno fue bien recibida por los sectores medios de la burguesía argentina y por los oficiales del Ejército, sensibilizados como lo estaban por las políticas favorables al capital extranjero y a las grandes empresas practicadas por Krieger Vasena. La prioridad volvía a ser el desarrollo en detrimento de la estabilidad, lo que llevó a una política de gastos más expansiva que culminó en el deterioro de las cuentas públicas. La inflación se situó en un valor superior al 20 por ciento anual y Ferrer, asediado por una ola de demandas sectoriales, se limitó a administrar las presiones inflacionarias con una gradual indexación de la economía. A fines de 1970 la política de estabilización había hecho aguas.

Poco podía conformar al presidente una política limitada a administrar conflictos. La prudencia no era su rasgo distintivo. Levingston se preocupó por dejar claro que su gestión exigiría cuatro o seis años, desafiando así las sugerencias de la Junta de Comandantes de anunciar un programa político capaz de concitar el apoyo de la mayoría. Coherente con su idea de asegurar la continuidad del programa de la revolución de 1966, se lanzó a la búsqueda del apoyo de políticos sin peso electoral y logró el acercamiento de los dirigentes de la Unión Cívica Radical Intransigente como los ex gobernadores Oscar Alende y Celestino Gelsi, quienes vieron la oportunidad de participar en la formación de un nuevo partido político "nacional y popular". Por ese entonces, los partidos habían salido de su forzado letargo. El 26 de julio de 1970 había aparecido en el diario *El Sol*, de Concordia, Entre Ríos, lo que fue prácticamente el primer aviso político. En él se convocaba a los peronistas a rendir homenaje a su jefa espiritual, Doña Eva Duarte de Perón, con motivo del 18 aniversario de su paso a la inmortalidad. Ese mismo mes, la UCR dio a conocer un documento en el que se exigía "la puesta en marcha del pregonado proceso, expresado en signos inequívocos de reconocimiento veraz de los partidos políticos y de búsqueda cierta de soluciones levantadas que satisfagan los anhelos populares".[14] En noviembre de 1970, radicales, peronistas y otras agrupaciones menores alumbraron la "Hora del Pueblo", una coalición cuya meta era presionar para que el gobierno convocara a elecciones. En su primer documento público, las fuerzas políticas reunidas en la Hora del Pueblo afirmaban: "El hecho concreto, visible, innegable, de que no hay salida ni económica, ni social, porque los argentinos no pueden influir políticamente (...) los graves errores cometidos en todos los campos del quehacer nacional, y también en el de las omisiones nacionales, reconocen un denominador común: la imposibilidad del pueblo para remover los

14. Revista *Inédito*, agosto de 1970.

factores que se oponen a las decisiones populares". El Partido Comunista, junto a otras agrupaciones de izquierda, formaron el "Encuentro de los Argentinos" en medio de un clima de búsqueda de convergencias con las que ejercer presión en la negociación de la transición institucional, lo cual, a esa altura, era ya un hecho inevitable.

La reaparición de los partidos asestó un duro golpe a las ambiciones de Levingston. El régimen militar había logrado la convergencia de antiguos rivales en la común demanda por el retorno de la democracia. Ésta era una novedad en la política argentina ya que, desde 1955, radicales y peronistas habían participado en los golpes militares, ya sea porque confiaban contarse entre los grandes electores del gobierno y ganar influencia, como fue el caso del peronismo en 1966, ya sea porque esperaban ser sus herederos por el camino de la restauración del proceso electoral, como ocurrió con el radicalismo en 1955.

La retórica nacionalista y populista del presidente tuvo poco eco entre aquellos a los que iba dirigida y se ganó la hostilidad de los sectores conservadores. El nacionalista Marcelo Sánchez Sorondo, antiguo director de *Azul y Blanco*, semanario que por un breve período apoyó a Onganía y luego fue clausurado por su orientación crítica, afirmaba en un reportaje que "sin normalidad política no se va a elecciones. Un gobierno revolucionario se legitima con el consentimiento popular. El gobierno empieza por la cola (estatutos, padrones) cuando esto es la consecuencia. Los esfuerzos oficiales se dirigen a organizar la política cuando en realidad ésta se hace, no se ordena". A la pregunta del periodista sobre si el presidente Levingston enarbolaba sus mismas banderas, Sánchez Sorondo contestó: "Ignoro si es capaz de hacerlo. Por lo demás, no entiendo bien su lenguaje".[15]

Levingston tampoco consiguió ganarse el apoyo de los integrantes del nivel medio del cuerpo de oficiales con los que esperaba relevar al general Lanusse, principal artífice del proceso que lo había llevado al poder. El impacto de la Revolución Peruana de 1969, había reanimado las tendencias nunca desaparecidas por completo de un nacionalismo de izquierda entre los jóvenes oficiales y en la generación intermedia. Sin embargo, no se reconocieron en el oscuro lenguaje de Levingston. Mientras crecía la presión para que el go-

15. *Análisis*, 5 de octubre de 1970.

bierno llamara a elecciones, el presidente se empeñaba en su prédica nacionalista. "O somos autores y responsables de nuestro propio destino... o corremos el riesgo de orbitar en el vasallaje, según los designios de alguien que, desde afuera, determine nuestro destino." Para ser dueños del destino, el presidente insistía, era necesario asegurar el desarrollo. Una salida electoral prematura habría de llevar al país al fraude y al engaño. No quedaban dudas de que el presidente confiaba en su capacidad para organizar un "partido de la revolución" que pudiera desafiar a las fuerzas políticas tradicionales en una futura elección.

¿Por qué la Junta de Comandantes postergaba el relevo de Levingston pese a los redoblados pedidos de la Hora del Pueblo? Puede presumirse que la tolerancia de la Junta hacia el presidente era el resultado de su reticencia a reconocer el fracaso. Sin embargo, esta decisión no parece ajena a la estrategia del general Lanusse, quien había iniciado los contactos políticos con el radicalismo y esperaba el momento oportuno para lanzar su propio plan político. Como ocurriera con Onganía, el detonante del relevo de Levingston fue un nuevo alzamiento popular en Córdoba. En febrero de 1971, el presidente había designado gobernador a José Camilo Uriburu, un hombre de mentalidad cercana al corporativismo fascista de los años treinta, en reemplazo del doctor Bernardo Bass, un abogado laboralista que apoyaba la salida política negociada defendida por Lanusse. El nombramiento de Uriburu agitó más la ya convulsionada provincia. Pero fueron sus declaraciones públicas las que aceleraron la reacción. El nuevo gobernador anunció su misión de "cortar la cabeza de la víbora comunista" para poner fin a la conspiración que asolaba la provincia. La poco feliz metáfora y la feroz represión policial de la huelga del 12 de marzo, dieron cauce al nuevo alzamiento popular el día 15, no menos violento y generalizado que el de 1969, conocido como el "Viborazo". Este segundo Cordobazo hizo visible el descontento militar con la gestión de Levingston. La tregua que le habían otorgado no significaba, como parece haberlo interpretado el presidente, la resignación de los altos mandos a aceptar sus designios. Tampoco era producto del sólido apoyo de oficiales sensibles a su proyecto nacional y popular. Cuando el presidente intentó relevar al general Lanusse, comprobó que no tenía aliados. El 22 de marzo, la Junta de Comandantes decidió reasumir el poder.

3. El tiempo político

De este modo se inició el que habría de ser el último tramo del régimen militar inaugurado en 1966. Sin cohesión interna y desbordados por la movilización popular, los militares se decidieron a buscar una salida política que les permitiera canalizar la ola de protesta popular y regresar a los cuarteles. El general Lanusse asumió la presidencia y a la largo de los dos años que precedieron a la restauración de las elecciones consolidó su predominio indiscutido en la escena política argentina. "Yo no fui presidente constitucional, como Roca, como Justo o como Perón, pero creo haber sido el último exponente de una saga que parece desaparecida: un caudillo militar que desde el Comando en Jefe del Ejército se fue convirtiendo en un líder, en el intérprete de un proyecto político."[16] Como observa Potash, "alto, erguido y de rostro bastante severo, parecía la quintaesencia del gobernante militar, un caudillo".[17] No pudo, sin embargo, refrendar con los votos su liderazgo, como lo hizo el general Agustín Justo en 1932. Lanusse, a diferencia de Levingston, no era un desconocido para la opinión pública. Su actuación en las crisis político-militares tenía una historia de dos décadas y convocaba las más variadas oposiciones. Para los peronistas, este militar que se había rebelado contra Perón en 1951 y saludado su derrocamiento en 1955, era el prototipo del "gorila", como se denominaba a los antiperonistas. Para los nacionalistas, Lanusse era un típico liberal, al que no podían perdonarle el papel que desempeñara en la caída de Lonardi en 1955, ni la reciente defenestración de Onganía. Los radicales, por su parte, no podían ignorar la responsabilidad de Lanusse en el golpe que derrocó a Illia en 1966. Para los sectores de la extrema izquierda, era un agente del imperialismo norteamericano. Sus vínculos de familia lo ligaban al *establishment* económico local. Sus antecedentes y su estilo personal, directo y frontal, diametralmente opuesto a la desdeñosa arrogancia de Onganía y de Levingston, lo convertían en una figura polémica, al mismo tiempo que hacían de él, el hombre capaz de atreverse a una empresa que acaso ningún otro militar se hubiera animado a llevar a cabo.

16. Lanusse, Alejandro A.: *Confesiones de un General*, ob. cit., pág. 16.
17. Potash, Robert: *El Ejército y la política argentina: 1962-1973*, ob. cit., pág. 240.

El viejo dilema de cómo lograr un gobierno electo por una mayoría y a la vez, aceptado por la cúpula del Ejército, volvió a plantearse, pero esta vez la novedad era la inclusión del peronismo en un gran acuerdo entre los militares y los partidos políticos devueltos a la legalidad, para fijar las reglas de la transición institucional. Por primera vez desde 1955, las Fuerzas Armadas se disponían a admitir que toda solución política de la que se marginara al peronismo habría de ser ilusoria y destinada a tener corta vida. El doctor Arturo Mor Roig, un respetado político radical que había presidido la Cámara de Diputados durante el gobierno de Illia, fue el hombre elegido por Lanusse para diseñar la estrategia de transición desde el Ministerio del Interior. Esta designación era una señal de que el gobierno militar quería "jugar limpio". Antes de llamar a elecciones, se convocaría a todos los partidos para acordar el conjunto de principios y metas para el futuro gobierno y un candidato presidencial común. El futuro gobierno habría de ser de transición hacia la restauración de la competencia política irrestricta. ¿Cuál sería el papel de las Fuerzas Armadas en ese acuerdo? Tras cinco años de régimen "revolucionario", el acercamiento a la ciudadanía y una buena dosis de pragmatismo para aceptar negociar con quienes tenían ante sí, parecía ser la única salida honorable para los militares, a esa altura "enfermos de soledad". Los obstáculos a vencer no eran menores. El radicalismo, tradicionalmente renuente a las alianzas electorales concebidas peyorativamente como contubernios, también rechazaba la idea de apoyar a candidatos no partidarios y una nueva generación de dirigentes repudiaba toda negociación con el gobierno militar. No obstante, la mayor incógnita era la actitud que adoptaría Perón, quien había logrado sabotear durante los años transcurridos en el exilio los trabajosos acuerdos políticos tejidos por quienes lo habían derrocado, degradado de su condición de militar y proscripto. ¿Aceptaría Perón las bases de un acuerdo que le negaba la candidatura presidencial, colocaba a su movimiento como un partido político más y pretendía, a través de la reforma de la legislación electoral, acortar la distancia entre el peronismo y las restantes fuerzas políticas y promover, en un segundo turno electoral, el triunfo del arco de fuerzas no peronistas? Para Perón, las elecciones habían sido un mecanismo mediante el cual confirmar sus dotes de conductor político y la política, una técnica para suscitar obediencia. Era su genio político, antes que el ve-

redicto de la ciudadanía, lo que le confería legitimidad a sus mandatos, como lo recuerda Tulio Halperin Donghi en un ensayo reciente.[18] El peronismo, por su parte se concebía como expresión de la
mayoría nacional, con votos o sin votos. Los gobiernos posperonistas habían amañado las elecciones e impedido que confirmara en las
urnas su convocatoria popular. Ninguna legislación que empañara
esa victoria podía ser aceptada. Cualquier intento de desvirtuar la
competencia electoral habría de enfrentar el desafío de la violencia
de los marginados por el poder militar, advertía Perón. La apuesta de
Lanusse no era insensata, pero tampoco era fácil de ganar.

El otro flanco de la estrategia de Lanusse eran sus camaradas de
armas, a quienes tenía que mantener unidos y convencer de las bondades de su plan. En su discurso del 1º de mayo, a poco más de un
mes de haber asumido la presidencia, Lanusse se preocupó por acla-
rar que "Acuerdo nacional no es contubernio, no es componenda ni
pacto con fines electorales. No responde a intereses subalternos; no
es una fórmula para halagar demagógicamente a nadie y –funda-
mentalmente– no significa volver a errores de un pasado que, en-
tiéndase bien, ya no tiene cabida en nuestro país".[19] Era una declaración de intenciones lo suficientemente vaga como para dejar dis-
conformes a políticos y militares. La sospecha de que el Gran
Acuerdo Nacional (GAN) no era más que el instrumento diseñado
por Lanusse para llegar a la presidencia constitucional comenzó a
cobrar fuerza, alentando la actividad conspirativa dentro del ejército y la desconfianza de los políticos de la Hora del Pueblo.

¿Qué lecciones del pasado hicieron que los militares reconocie-
ran al peronismo como una parte del sistema político argentino?
Las sucesivas tentativas de extirpar al movimiento creado por Perón
de la vida política argentina habían fracasado. La persecución de políticos y de dirigentes sindicales, la disolución del partido y el control militar de los sindicatos durante 1955 y 1956, lejos de arrojar
los resultados esperados, alimentaron la resistencia del pueblo peronista. El proyecto de Frondizi de captar en beneficio propio al electorado peronista había desembocado en una nueva vuelta de tuerca

18. Halperin Donghi, Tulio: *La larga agonía de la Argentina peronista*, Buenos
Aires, Ariel, 1994, pág. 25.
19. Lanusse, Alejandro: *Confesiones de un General*, ob. cit., pág. 280.

de la historia, en la progresiva "peronización" de quienes habían imaginado que podían reemplazar al líder de los trabajadores. La carta del neoperonismo no trajo aparejada la fragmentación del movimiento en un conjunto de partidos "justicialistas", capaces de construir un orden posperonista, como lo esperaban los militares. La "dictadura benévola" inaugurada en 1966, suprimió los partidos políticos y logró así homologar la suerte del peronismo a la de todas las fuerzas políticas, a partir de entonces embarcadas en la lucha común contra el régimen. A la luz de estos hechos, se explica que Perón recibiera el golpe militar que se proponía en teoría cerrarle el camino al poder, con una satisfacción apenas disimulada. En el desierto político que se creó en Argentina a partir de 1966, sólo la CGT, dominada por los peronistas, disfrutó del monopolio del poder político de hecho. De allí las esperanzas que depositaron en Onganía, en quien confiaron les habría de otorgar el lugar entre los factores de poder que una visión tecnocrática y corporativista prometía. Onganía fracasó en la empresa de cooptar al sindicalismo, y en lugar de poner fin a "la política", facilitó el camino para que ésta continuara por medio de la violencia. El peronismo terminó siendo la encarnación militante de una multiplicidad de descontentos.

La estatura mítica de Perón imponía a sus adversarios la necesidad de correr riesgos. Lanusse comprendió el desafío. En su libro, *Confesiones de un General*, escribe: "Perón mantenía un fortísimo liderazgo carismático sobre enormes franjas del país: no solamente era seguido por sus admiradores tradicionales sino, también, por importantes núcleos de las capas medias, de la juventud, de los intelectuales, del empresariado (...) una parte importante de los estudiantes universitarios estaba hechizada por la idea de una alianza estratégica entre los peronistas –carentes de jefes comprensibles para los nuevos tiempos y de ideas más o menos aceptables para quienes han optado por la contestación– y ellos, que suponían saber hacia dónde iban". A sus apoyos tradicionales en los sectores obreros y populares, Perón había logrado sumar el de intelectuales y universitarios a los que la lucha contra el gobierno de Onganía había llevado a radicalizar sus posiciones. La juventud de fines de los sesenta adhirió a Perón como un modo de identificarse con el pueblo y así, los hijos de quienes habían sido furibundos antiperonistas se convirtieron en peronistas fanáticos. Bajo el influjo de las ideas del Che

Guevara, Franz Fanon y la Teología de la Liberación, Perón y el peronismo fueron convertidos en la encarnación militante del socialismo nacional.[20]

Fue la novedad de estos movimientos revolucionarios que invocaban el nombre de Perón lo que empujó a Lanusse a negociar con el general exiliado y terminó por derrumbar uno de los tabúes más caros de los militares argentinos. La estrategia de Lanusse suponía que, una vez incorporado a las negociaciones, Perón dejaría sin sustento ideológico a los movimientos revolucionarios que invocaban su nombre. La elite conservadora había recorrido un camino similar en las primeras décadas del siglo, cuando garantizó elecciones libres y secretas para permitir la participación del Partido Radical, convencida de que así lograría neutralizar las tentaciones revolucionarias. Sin embargo, el resultado no fue el esperado entonces; los radicales llegaron al poder. Acaso este paralelo histórico haya sido considerado por el general Lanusse; sin embargo, no vaciló en su estrategia de anular la proscripción y reparar al anciano general denigrado. Desde su perspectiva, Perón habría de ser un dique de contención para dividir y separar las aguas de la subversión. En su carrera hacia la presidencia constitucional, valía la pena correr este riesgo. Lanusse no dudaba de sus dotes de caudillo. ¿Podrían combinarse las banderas del peronismo con un candidato militar? Esta alternativa, alentada por algunos sindicalistas, muy probablemente con la anuencia de Perón, hacía aun más atractiva la apuesta para Lanusse y al mismo tiempo reforzaba su convicción de que los militares no habrían de dar un "salto al vacío".

La avanzada edad del líder, un dato con el que siempre habían especulado sus opositores militares y civiles, adquirió en el nuevo contexto un significado ambiguo. ¿Acaso estaría dispuesto a ser la "prenda de paz", como declaraba Perón, a cambio de ver realizada su reparación histórica, o bien preferiría seguir estimulando a la juventud radicalizada de su movimiento, para hacerla su heredera, acorde con la teoría del "transvasamiento generacional" que venía predicando desde los tiempos de Onganía?

---

20. Bajo el impacto de las ideas de los teólogos de la liberación, numerosos sacerdotes católicos definidos como "tercermundistas" llegaron a la conclusión de que el peronismo era la clave para la solución de los problemas argentinos.

El primer paso dado por el nuevo gobierno no innovó respecto de sus antecesores. Lanusse buscó la reconciliación con los líderes sindicales. En su libro *Mi Testimonio*, Lanusse reconoce que la estrategia del gobierno no podía consistir solamente en una reconciliación entre militares y políticos o un sondeo con Perón. "Yo comprendí desde el primer momento que no podía descuidar (...) al movimiento obrero organizado (...) Hubiera sido insensato para todos, aun para los partidos, hacer ver que el retorno de los políticos llevaba a su desplazamiento."[21] El presidente aceptó suprimir los topes a los aumentos salariales impuestos durante el gobierno de Levingston y se comprometió a regresar el cadáver de Eva Perón a la CGT. A partir de entonces, su política basculó entre concesiones y castigos. La suspensión de la personería gremial de la CGT, en julio de 1972 –no se atrevieron a cancelarla– dejó en claro que el gobierno no estaba dispuesto a reconocer el papel político que el movimiento obrero organizado reclamaba, pero que tampoco podía impedirlo.

Sobre el retorno de Perón, reclamado por los gremialistas, prefirió no pronunciarse. Sin embargo, Lanusse ya había iniciado en secreto los contactos para sondear la opinión del general. En el mes de abril había enviado al coronel Cornicelli a entrevistar a Perón en su exilio de Madrid. Esta misión fue la primera de una serie cuyo propósito era negociar con el general las condiciones de incorporación del peronismo al sistema político. Perón debería repudiar públicamente a la guerrilla peronista y dar su apoyo a los aspectos fundamentales del plan político del gobierno. Se le ofreció a cambio el cierre de todas las causas penales que tenía pendientes desde 1955 y la devolución del cadáver de Evita que el gobierno de la Revolución Libertadora había enterrado en secreto en un cementerio europeo, bajo otro nombre. Este gesto era una prueba más del reconocimiento al que estaba dispuestos los militares. Sin embargo, tanto Cornicelli, primero, como Rojas Silveyra y Sapag, después, fracasaron en su propósito: el general no se pronunció. Perón mantuvo la incertidumbre sobre sus intenciones, decidido a conservar la iniciativa política que le brindaba una crisis militar en ciernes cuyo desenlace tampoco él conocía.

21. Lanusse, Alejandro: *Mi testimonio*, Buenos Aires, ob. cit., pág. 232.

En el mes de mayo, un complot abortado, orquestado por oficiales nacionales, había llevado a la superficie las tensiones que atravesaban a la corporación militar. Los rumores de un levantamiento militar debilitaban la posición de Lanusse en la negociación. Los representantes de la Hora del Pueblo redoblaron la presión para forzar al gobierno a fijar el calendario electoral, que finalmente salió a la luz en setiembre, contrariando el plan inicial de reconocer primero a los partidos conforme al estatuto en preparación, consultarlos luego y, finalmente proclamar la fecha de los comicios. Las elecciones se llevarían a cabo el 25 de marzo de 1973 y el gobierno asumiría dos meses más tarde. ¿Acaso el compromiso con la salida electoral que implicaba anunciar la fecha fue el detonante que hizo estallar la rebelión poco después? Conducida por oficiales vinculados a Levingston y Onganía, decididos a retomar las metas de la Revolución Argentina que, según ellos, Lanusse había traicionado, y cerrar así el camino al retorno de los viejos políticos, la rebelión fue aplastada. Sin embargo, obligó al gobierno a hacerse cargo del descontento que cundía en las filas del Ejército ante la incertidumbre sobre el plan político, la proliferación de atentados terroristas y el continuo deterioro de la economía.

Con Lanusse, la economía estuvo lejos de ocupar el centro de la escena. El Ministerio de Economía fue suprimido y se elevaron al rango ministerial cuatro secretarías (Industria, Comercio y Minería, Trabajo y Hacienda, y Finanzas y Ganadería). Tres ministros se sucedieron en el manejo de la economía. Desde su instalación, el gobierno se había preocupado por dar señales claras de un cambio de rumbo respecto de la política económica seguida por Krieger Vasena. La prohibición de importaciones de bienes suntuarios, el mantenimiento de tarifas no retributivas en los servicios públicos, una legislación restrictiva para las inversiones extranjeras eran medidas que se hacían eco de las demandas de la Hora del Pueblo. "Nadie tiene la verdad económica" manifestó Lanusse, dejando en claro que la orientación de la economía quedaría subordinada a los acuerdos políticos, en una prueba adicional de su pragmatismo.

La paz en los cuarteles, sin embargo, no estaba asegurada. En el mes de octubre, estalló la rebelión de los Regimientos de Caballería Blindada de Azul y Olavarría, en la provincia de Buenos Aires. La rebelión, en la que convergieron oficiales nacionalistas y desarrollistas, fracasó. No obstante, lo que podía interpretarse como un espal-

Lanusse entrega el bastón y la banda presidencial al electo Dr. Cámpora, el 25 de mayo de 1973.

darazo a Lanusse, dado el apoyo que concitó para sofocarla, volvió a llevar a la superficie las disidencias en la corporación castrense. La calificación de "fascista" que el gobierno le atribuyó al motín –la participación de sectores ultranacionalistas favoreció el repudio– no fue suficiente para convencer a la opinión pública de las bondades del camino elegido por Lanusse ni atenuar la desconfianza que inspiraba su liderazgo. Como era habitual tras una crisis institucional, Lanusse cambió el ministro de Hacienda. Juan Quilici fue reemplazado por Cayetano Licciardo, un técnico de orientación liberal, medida que fue considerada como una provocación por los representantes de la Hora del Pueblo. La inflación había llegado a fines de 1971 al 34,7 por ciento anual, una cifra alarmante, contrastada con el 13,6 por ciento del año anterior y la más alta registrada desde 1959. La pragmática convicción de Lanusse de que la gestión económica tenía que dar crédito a la salida electoral, había provocado encendidas reacciones por parte del *establishment* económico. Las declaraciones a la prensa de Francisco Manrique, ministro de Bienestar Social y amigo personal del presidente, contribuyeron a confirmar las sospechas sobre las ambiciones políticas de Lanusse. En opinión de Manrique, nada impedía a Lanusse ser candidato a la presidencia. El semanario *Primera Plana* había reaparecido con un nuevo propietario, Jorge Antonio, un acaudalado político peronista. Con el título "Lanusse: candidato del *ballotage*", había dedicado el artículo a mostrar que el proyecto de enmienda de la Constitución, a introducirse por "decretazos", era obra de la ingeniería política del presidente para colocarse a las puertas de la presidencia.

Las reformas que el gobierno planeaba incluir en la Constitución, atribuyéndose potestades claramente contradictorias con su declarada intención de acordar las reglas de la transición con los partidos políticos y, sobre todo, inéditas en la tradición de gobiernos militares –nunca se habían atrevido a tocar la Constitución, sólo a dejarla en suspenso– tenían como eje la modificación de la legislación electoral. Esta reforma provisoria no causó, sin embargo, escándalo en la opinión pública ni la reacción airada de la clase política. El sistema elaborado por el gobierno con el asesoramiento de prestigiosos juristas –más allá de su calidad técnica y de la eventual eficacia para reconstruir el sistema político argentino– estaba diseñado a la medida del objetivo de impedir el triunfo del peronismo. La elección directa de la fórmula presidencial; el doble turno electoral –*ballotage*– en los casos en que ninguna fuerza política alcanzara la mayoría absoluta de los votos, con la condición de que en la segunda vuelta compitieran sólo los dos partidos que hubieran obtenido juntos una cifra no menor a las dos terceras partes de los votos válidos, y la autorización a participar a los partidos que hubieran alcanzado un mínimo del quince por ciento de los votos válidos en la primera vuelta, ya sea a través de coaliciones, o en apoyo de alguno de los partidos mayores, propiciaba la formación de coaliciones opositoras al peronismo. La elección uninominal directa con doble turno, inspirada en el modelo francés, habría de regir también para la elección de senadores nacionales y gobernadores provinciales.

La reforma mantuvo el sistema de representación proporcional D'Hondt para las elecciones de diputados nacionales –la atribución de las bancas se fijó de acuerdo con la población de los distritos– y se lo hizo extensivo a la elección de diputados provinciales. Los militares no podían imaginar que la única consecuencia de la laboriosa ingeniería institucional habría de ser la proliferación de candidatos no peronistas en el primer turno.

El surgimiento de distintos núcleos que aspiraban a convertirse en partidos, la creación de minúsculas estructuras con sellos y membretes, alentadas por la inminencia de una salida electoral, dio el tono al clima político del momento. Esa afiebrada actividad política alcanzó a todos los partidos. Los conservadores, atomizados como lo estaban entonces, intentaron diversos caminos: algunos sectores buscaron la convergencia en una Confederación de Partidos Provinciales, auspiciada por el cordobés Horacio Agulla; otros se inclinaron hacia el partido gestado por Álvaro Alsogaray, y no faltaron quienes trataron de conservar su personería partidaria y se lanzaron a la búsqueda de aliados. Los partidos menores –diversas fracciones del socialismo y los demócratas progresistas– se esforzaban por alcanzar los topes fijados por el Estatuto de los Partidos sin lograr acuerdos que soldaran alianzas con mejores perspectivas electorales. El Partido Comunista, con cuadros organizados en todo el país, continuaba proscripto. El Encuentro de los Argentinos, del que eran la principal fuerza, tampoco había sido legalmente reconocido. El partido de Frondizi ensayó un nuevo acercamiento al peronismo. Mientras tanto, el movimiento político liderado por Perón, gracias a la ausencia de directivas claras y de definiciones ideológicas, se había lanzado a sumar a sus filas a partidos y fracciones sin peso electoral propio. La esposa de Perón, María Estela Martínez (Isabel), había venido al país en diciembre de 1972 en compañía de López Rega, el secretario general, e iniciado las tratativas con dirigentes de la ortodoxia peronista y con neoperonistas, sin descuidar sus contactos con dirigentes comunistas. La UCR, por su parte, fue el primer partido en cumplir la etapa de afiliación establecida en el Estatuto de los Partidos, y obtener su reconocimiento legal.

El gobierno, desafiado por la guerrilla y con su imagen deteriorada en el exterior como consecuencia de la ineficacia de la represión, tenía poco margen de acción. El temor a que la guerrilla movilizara el descontento popular en una combinación explosiva, actuaba como antídoto contra cualquier intento de dar marchar atrás en el plan político, pese a que ese plan se ya había escapado de su control. Hacia fines de 1971, la publicación de una encuesta de IPSA proporcionaba datos más que alarmantes. A la pregunta "¿Justifica usted la violencia guerrillera?", el 45,5 por ciento respondía afirmativamente en el Gran Buenos Aires y esa cifra se elevaba al 51 por ciento en Rosario y al 53 por ciento en Córdoba.[22] En el clima de entonces, el generalizado rechazo hacia el régimen militar se combinaba con la simpatía hacia acciones guerrilleras que provocaban admiración por su audacia y conmovían la sensibilidad de muchos. La distribución de comida y ropa en las villas miseria, práctica iniciada por el Ejército Revolucionario del Pueblo (ERP) e imitada más tarde por otros grupos guerrilleros, apelaba al sentimiento de los argentinos a los que esta suerte de "ejército de salvación" les señalaba una realidad olvidada por el gobierno. ¿Acaso desaparecidas las causas, la guerrilla dejaría de tener razón de ser, como lo imaginaron los militares? El tiempo se encargaría de refutar esta idea y entonces los militares, ellos mismos convertidos en blancos de la guerrilla, se dispondrían a aniquilar a la subversión con el terror. La creación de la Cámara Federal, destinada a acelerar los juicios de los acusados de actos terroristas, detenidos a disposición del Poder Ejecutivo, era una pieza más en la estrategia de Lanusse de acercarse a la ciudadanía. El gobierno mostraba su voluntad de guardar las formas de un estado de derecho. Sin embargo, esta prueba del "juego limpio", no logró ningún eco en la opinión pública, como lo admite descorazonado en sus *Confesiones...* el general Lanusse. Lo que importaba entonces era cómo los militares habrían de regresar a sus cuarteles para poder restablecer el Estado de derecho que habían arrasado.

Ante la perspectiva electoral, Perón, como lo había hecho en otras ocasiones en el pasado, se convirtió en el protagonista principal de la escena política. En 1958, cuando se impuso la estrategia de reemplazar al peronismo para lograr lo que la represión no había podido, el

22. Citado en Anguita, Eduardo y Caparrós, Martín: *La Voluntad: una historia de la militancia revolucionaria en Argentina. 1966-1973*, Buenos Aires, Norma, 1997, tomo I, pág. 504.

líder "prestó" los votos de su electorado a Frondizi. Sin duda, había advertido que el peronismo ya no era mayoría absoluta en el nuevo escenario surgido de las elecciones a constituyentes de 1957. A lo largo de sus años de exilio, todas las posibilidades de negociación, ya sea a través de pactos, como el celebrado con Frondizi, coaliciones electorales o decisiones de voto en blanco, fueron transitadas por Perón. De este modo, "parlamentarismo negro", la forma de ejercer influencia en el sistema político fuera de los ámbitos institucionales, se convirtió en un rasgo permanente de la política argentina. Desde el exilio, "el gran ausente" había logrado que su palabra se difundiera a través de distintos canales. Los "mensajes", "instrucciones" o "directivas", transmitidos por vía oral o por medio de cartas, publicaciones clandestinas o registrados en cintas grabadas, circulaban en el país pese a la prohibición legal. Este mecanismo de comunicación entre el líder exiliado y su movimiento, creó una situación en la que los destinatarios de esos mensajes, no siendo testigos de la enunciación, pudieron interpretar libremente los contenidos, muchas veces no sólo gracias a la ambigüedad de los textos, sino como consecuencia de las distorsiones que los destinatarios de sus epístolas se encargaron de producir. También se podía presumir que esas órdenes eran apócrifas y rechazarlas, sin por ello pagar el precio de cuestionar el liderazgo del jefe exiliado. La distancia entre Perón y sus receptores, como lo muestran Silvia Sigal y Eliseo Verón, fue un factor clave en la estrategia de sembrar la confusión, de la cual todos, y no sólo él, trataron de sacar ventajas. Cada peronista tenía su propio Perón.[23] "La confusión es el lugar donde mejor estamos. El arte de hacer política no es gobernar el orden, sino gobernar el desorden", decía Perón haciendo gala de sus dotes de conductor.

A partir del Cordobazo, la palabra del líder había comenzado a circular más abiertamente en Argentina. Esta nueva situación no alteró su estilo: Perón demostró que no temía caer en flagrantes contradicciones y siguió sembrando la confusión, sin rechazar a nadie, repartiendo bendiciones y excomuniones lanzadas al mismo tiempo y, a veces, sobre los mismos destinatarios. La juventud ideologizada que adhirió en forma masiva y entusiasta a Perón pudo encontrar

---

23. Sigal, Silvia y Verón, Eliseo: *Perón o Muerte. Los fundamentos discursivos del fenómeno peronista*, Buenos Aires, Legasa, 1986.

una explicación para el "penduleo" político del general: obedecía a una táctica momentánea del magistral conductor.

El respaldo de Perón a la guerrilla no le impidió comenzar a tejer su esquema de alianzas. Perón selló un pacto de garantías con el Partido Radical que lo comprometía a respetar los derechos de las minorías a cambio de que ambas fuerzas políticas bregasen juntas a favor de elecciones libres y sin proscripciones. En el mes de febrero, un documento titulado "La única verdad es la realidad", publicado en *Las Bases*, una revista codirigida por un ex cabo de la Policía, José López Rega, de quien se decía ejercía una fuerte influencia sobre Perón, tomó por sorpresa al gobierno.[24] En él, Perón sostenía que "la política económica que ha generado semejante estado de cosas es obviamente conocida, inspirada en los grandes centros de poder mundial que propusieron y dieron apoyo a Krieger Vasena, agraviaron por igual sin excepción a todos los grupos sociales argentinos y la respuesta popular no puede ser otra que una alianza de clases y la formación de un frente con todas sus tendencias representativas". No condenaba a las Fuerzas Armadas, víctimas ellas también de errores, fruto de la debilidad frente a los poderosos del mundo, y daba respaldo al proceso electoral contra los que preferían la violencia, que ahora aparecía sólo parcialmente justificada.[25] A partir de entonces, su anunciado propósito se concretó en la formación del Frente Cívico de Liberación Nacional (FRECILINA), una coalición electoral construida gracias a los buenos oficios de Frondizi como mediador entre el general y los grupos de interés, y a la influencia de las ideas de Rogelio Frigerio, quien solía frecuentar a Perón en Madrid. El FRECILINA incluía al peronismo, el Movimiento de Integración y Desarrollo de Arturo Frondizi, el Partido Intransigente de Oscar Alende, los demócrata cristianos de José Allende, el Partido Conservador Popular, personalidades de partidos menores y a la CGT y la CGE. El programa no contenía nada que pudiera despertar la alarma de los empresarios y terratenientes.

El acercamiento al radicalismo y la formación de la alianza electoral suscitaron preocupación en el gobierno. En el cada vez más

24. La revista *Las Bases* apareció en noviembre de 1971 y desde sus páginas se comenzó a conocer la afición de López Rega por las ciencias ocultas.
25. *Las Bases*, 16 de febrero de 1972.

complejo juego de ajedrez que les planteaba Perón, el GAN se escapaba del control de sus artífices. ¿Una maniobra para dividir a los militares o para enfrentarlos a las fuerza cívicas?, se preguntaban. Quedaba claro que no habría lugar para ellos en la arquitectura de poder diseñada por Perón. Asistían con amargura a la paradoja de que nacionalistas, frondizistas y conservadores populares, antiguos pretendientes a ocupar el lugar de Perón en el sistema político argentino, ahora fueran absorbidos en el peronismo bajo las directivas del viejo caudillo.

Los contactos directos con Perón se agotaban en un diálogo, sin otro resultado concreto que la celebración de la buena disposición del líder de los peronistas, y el tiempo de Lanusse se acortaba, acelerado por las presiones de militares y civiles. El Partido Radical se encontraba en una encrucijada: no quería avalar los planes del gobierno que lo había derrocado en 1966, pero tampoco favorecer a los partidarios de un golpe con un pronunciamiento contra la política oficial.[26] En ese contexto, Lanusse decidió hacer pública la concepción del gobierno acerca del papel de las Fuerzas Armadas en el GAN. En mayo de 1972 anunció que éstas no habrían de ser meros observadores del proceso que habían desatado. Civiles y militares deberían emprender juntos la definición de los términos de la transición institucional. Lo que no dijo entonces, pero era un secreto a voces, es que el gobierno consideraba la candidatura de Perón como un "salto al vacío" y por lo tanto no estaba dispuesto a negociarla. Fue Perón quien obligó al gobierno a hacer públicos sus límites de tolerancia al acuerdo, cuando a fines de junio de ese año, en una entrevista concedida al *L'Expresso*, denunció los contactos reservados mantenidos con emisarios del general Lanusse, cuyo propósito, dijo, era proponerle el apoyo del peronismo a la candidatura a presidente constitucional de Lanusse. La entrevista, reproducida en lo

26. En las elecciones internas para elegir delegados a la Convención de la UCR, celebradas el 7 de mayo de 1972, Raúl Alfonsín, un joven abogado, había obtenido el 42 por ciento de los votos desafiando el liderazgo de Ricardo Balbín. La prensa calificó de victoria a esta derrota. Los resultados trajeron a la superficie la presencia en el viejo partido de una nueva generación de afiliados y de dirigentes más jóvenes con posiciones más radicales frente a los militares, embarcados en la empresa de renovación partidaria.

esencial por los principales periódicos locales, sorprendió a todos y vino a asestar un rudo golpe a los planes del presidente.

La misión de Cornicelli, el primer emisario enviado por Lanusse a Madrid, no había sido informada por el presidente a sus camaradas, a pesar de que en la nueva estructura institucional estaba obligado a consultar toda decisión trascendente con sus pares de la Junta. La declaración de Perón acrecentó la desconfianza entre los cuadros de oficiales. ¿Cuáles eran los verdaderos propósitos del presidente?, se preguntaban. Lanusse se vio obligado a hacer pública su renuncia a la candidatura a la presidencia, una alternativa que hasta entonces no había querido descartar.

Perón redobló su apuesta y amenazó con la inminencia de una guerra civil si los militares no ofrecían las garantías para el proceso electoral y definían la fecha de los comicios. La descalificación de Lanusse como interlocutor de las negociaciones, a la cabeza de un gobierno "al servicio de los intereses del poder económico financiero", en las palabras de Perón, apelaba al sentimiento de los oficiales descontentos, sensibles a los argumentos sobre la penetración extranjera, invitándolos a rebelarse para fundir la nación con el pueblo, representado ahora en el FRECILINA. De lo contrario, Perón les advertía que el pueblo habría de enfrentar a los militares. Las declaraciones de Galimberti reproducidas en *Panorama* completaron el cuadro amenazador: "El poder nace de la boca de los fusiles" afirmaba el dirigente de la Juventud Peronista.[27] La táctica de desgaste a que Perón sometió a Lanusse preparó el camino para imponer sus propias condiciones.

De este modo se cerró una etapa en la que las buenas maneras, las ofertas en prueba de reconocimiento al líder exiliado, el tono conciliador de los mensajes, habían sido los caminos explorados por el gobierno para concretar su plan de restablecer un orden posperonista en el que tuviera cabida el peronismo. Fue Lanusse quien decidió intentar la vía del enfrentamiento directo, empleando una táctica simétrica a la de Perón. En su discurso del 7 de julio, el presidente hizo públicas las reglas fijadas por los militares para la transición institucional. No podrían ser candidatos a las próximas elecciones del 25 de marzo de 1973 quienes hasta el 25 de agosto de

27. *Panorama*, 15 de julio de 1972.

1972 desempeñasen cargos en el Ejército nacional o en los ejércitos provinciales. Tampoco podían serlo quienes antes de esa fecha no residieran en el país.[28] Tanto Perón como Lanusse quedaban inhibidos de competir por la presidencia. El general Lanusse hubiera preferido no tener que autoexcluirse, convencido como lo estaba de que él era la "reserva" para la transición presidencial que imaginaba; "un caudillo militar (...) convertido en líder, en el intérprete de un proyecto político", como él se definió. Perón, por su parte, aunque bajo protesta, evitó desafiar lo que sabía eran condiciones no negociables para los militares.

Los rumores sobre el regreso de Perón al país aumentaron. Los Montoneros coreaban "Luche y Vuelve". Sólo la lucha que liberase al país de la opresión podría, desde su perspectiva, alumbrar la patria socialista. No habría generosidad del régimen ni concesiones del líder, decían; el régimen militar sólo puede ser derrotado en su propio terreno. No obstante, Jorge Paladino, delegado personal de Perón, se preocupó por exaltar las bondades de las elecciones que, como en Chile, demostraban que el pueblo puede llegar al poder sin necesidad de emplear la violencia, a la vez que no escatimó elogios para el líder radical, Ricardo Balbín. Las "armas" de Perón eran muchas e impredecibles. Sin embargo, la vocación política de Paladino se vio muy pronto frustrada. En noviembre, poco antes de su regreso al país, Perón dio un nuevo viraje en su estrategia y reemplazó a Jorge Daniel Paladino por el doctor Héctor Cámpora. Con esta medida se aseguraba poder conjurar toda maniobra neoperonista que minase su liderazgo dentro del movimiento. Cámpora, un dentista cuyo mérito más destacado era la lealtad incondicional a su jefe, tenía las credenciales necesarias para desempeñar la misión de delegado personal del líder todavía en su exilio madrileño. Este paso fue seguido por la reorganización del Consejo Directivo del movimiento: Rodolfo Galimberti y Alberto Brito Lima, ambos representativos de la línea dura de la Juventud Peronista, se incorporaron al Consejo. Esta medida, que convirtió a la JP en participante de pleno derecho en el juego político, provocó la alarma de los militares, sólo parcialmente acallada por el simultáneo trámite de reconoci-

28. Véase el texto completo del discurso de Lanusse en *La Opinión*, 8 de julio de 1972.

miento legal del Partido Justicialista; un hecho que parecía confirmar la voluntad del general de secundar la salida electoral.

En setiembre de 1972, Guido Di Tella se preguntaba "¿En qué quedarán los sectores revolucionarios y sectores de izquierda y la juventud del peronismo? y, sobre todo, ¿cuál será el rol que cumplirán?". Y respondía: "De alguna manera, aunque de manera un poco más estruendosa, van a cumplir la función de los intelectuales de izquierda de los partidos Demócrata y Laborista. Debido a su mayor estruendo, es probable que su contribución sea dialéctica. Probablemente no conseguirán lo que están pidiendo, pero conseguirán que el reformismo del partido sea más enérgico que si no existieran. Quizás sea ésta su gran contribución y de ahí proviene la necesidad que tiene el peronismo de tenerlos".[29] Esta interpretación ilustra la incomprensión del fenómeno guerrillero por parte de importantes sectores de intelectuales y políticos de entonces. El reformismo no era un camino para la guerrilla peronista. Acaso tampoco Perón midió las consecuencias de estimular a la guerrilla como instrumento indispensable de su operación política para regresar al poder y por eso no vaciló en utilizar la radical intransigencia frente al sistema político que animó todas las acciones de los guerrilleros. Cuando en 1975 los Montoneros crearon un partido político, habría de ser demasiado tarde para escindir a los políticos de los militaristas dentro del movimiento montonero.

4. El duelo entre dos generales

Durante el tiempo transcurrido entre el anuncio de la cláusula de residencia para las candidaturas y las elecciones de marzo de 1973, la escena política estuvo dominada por el enfrentamiento entre el general Lanusse y el ex general Perón. El 27 de julio, en un discurso pronunciado ante sus camaradas, Lanusse, en tono familiar y directo, más próximo a una confesión personal, recordó sus tiempos de cadete, en 1935; su participación en el golpe frustrado encabezado por el general Benjamín Menéndez, y elogió a Uriburu. De esta manera, dejaba claro que los golpes militares, desde 1930, habían te-

29. Citado en Caparrós, M. y Anguita, E., ob. cit., tomo I, pág. 600.

nido por la misma misión restaurar el orden político que los gobiernos civiles habían desquiciado. Afirmó que él asumía toda la responsabilidad por el proceso político y, por lo tanto, que el gobierno era el encargado de fijar las condiciones, los plazos y los objetivos de lo que llamó "juego limpio". Tras advertir que el tiempo para llegar a un acuerdo se estaba agotando, insinuó que los políticos que se negaran a cooperar serían marginados del proceso. Si Perón no regresa al país, no es porque no puede, es porque "a Perón no le da el cuero para venir", les dijo, en lo que fue la frase más memorable del discurso. El efecto inmediato del mensaje –inusual por su tono agresivo– fue la polarización entre peronistas y antiperonistas. ¿Acaso ese desafío respondía a la convicción de Lanusse de que el líder del peronismo, gravemente enfermo, no podría regresar al país, como se dijo? ¿Fue un telegrama que comunicaba que Perón padecía una enfermedad terminal la trampa tendida por el viejo caudillo a su adversario? Ésta es la versión que circuló entonces y a la que se atiene Dardo Pérez Guilhou. Responder a esta pregunta es imposible y tal vez innecesario; el hecho es que, víctima o no de una estratagema de Perón, Lanusse dio un paso que puso fin a un viejo tabú de los militares: aceptar el regreso de Perón. "Perón es una realidad, nos guste o no nos guste", les dijo. En sus *Confesiones...*, Lanusse refiere una entrevista sostenida con dirigentes gremiales, en las que les habría dicho: "Aquí no me corren más (...) diciendo que Perón no viene porque no puede (...) Creo que le ha tomado el gusto al papel de mito. Y es así que entonces pretende seguir beneficiándose con la ambigüedad, con la distancia y con la dedicación al estudio. Al papel de instrumentador de trenzas se lo conozco bien..."[30]

Al darle la posibilidad de retornar al país, Lanusse creía poder obligar a Perón a desmitificarse. La distancia y las buenas lecturas que se prodigaba el líder ya no habrían de ser el recurso para conferirle la estatura de un mito. Si se demora en responder al desafío –razonó Lanusse– probará que le falta coraje. Si acepta las condiciones establecidas por el gobierno, su retorno neutralizará el temido "argentinazo".

En octubre de 1966, Perón había cumplido setenta y un años. Los militares habían contado con su desaparición física como la

30. Lanusse, A.: *Confesiones de un General*, ob. cit. pág. 164.

solución para el dilema que no habían podido resolver ni eludir. Aceptaron que el peronismo no podía ser rechazado en bloque y le reconocieron el doble mérito de haber contribuido a neutralizar el peligro comunista e integrar a la clase obrera al sistema político. Lo que se habían resistido a admitir era el retorno del líder de los peronistas al país. Ahora se veían compelidos a aceptar el regreso del desterrado. En una nueva vuelta de tuerca de la historia iniciada en 1955, en 1972 Perón era un problema, pero era también una solución.

En agosto de 1972, Perón estaba a punto de cumplir sus 77 años y Cámpora anunciaba que el general tenía las maletas preparadas para su viaje de regreso, sólo que el comando táctico entendía que no era aún el momento. "El deberá venir, dijo Cámpora, como prenda de paz y no de disociación, como pretende la dictadura militar. De cualquier manera será antes de que finalice 1972."[31] No fueron pocos quienes sospecharon que el que habría de ser nuevo delegado personal de Perón ponía fin al proyecto de construir un partido político que, sin desconocer el liderazgo del anciano caudillo, tuviera una estructura institucional que le otorgara márgenes de autonomía propia.

Una nueva iniciativa de Perón sacudió la relativa calma que sucedió a la aceptación del hecho de que "Perón es una realidad". En octubre, la Junta de Comandantes recibió un documento enviado por Perón, con el título "Bases mínimas para el acuerdo de reconstrucción institucional". En él, el caudillo invitaba a las Fuerzas Armadas a acordar la transición institucional sobre la base de su propuesta, resumida en diez puntos. De tono conciliatorio, el texto combinaba condiciones que los militares ya habían aceptado o estaban considerando, con exigencias que Perón sabía que habrían de resultar inaceptables. A su criterio, era necesario cambiar la política económica conforme al programa elaborado por la CGT y la CGE, definir el papel de las Fuerzas Armadas en el futuro gobierno, liberar a todos los presos políticos y sindicales y levantar el estado de sitio. Sin duda, Perón sabía que Lanusse había calificado como positivo el documento conjunto de la CGT y la CGE, entidad que nucleaba a las pequeñas y medianas empresas, bajo la dirección de José Gelbard.

31. Citado en Anguita, E. y Caparrós, M., ob. cit., pág. 573.

Sus "servicios de espionaje" se encargaban de mantenerlo informado y otro tanto ocurría con el seguimiento de Perón por parte de los militares.

La necesidad de créditos menos costosos, el apoyo a las leyes de "compre argentino", la inhibición de la venta de empresas argentinas a inversores extranjeros, la reanudación de las convenciones colectivas de trabajo, el aumento inmediato de los salarios y un plan de viviendas, fueron demandas recibidas con beneplácito por Lanusse, en una prueba más de su pragmática disposición a reconocer que "en economía nadie tiene la verdad". Los juicios del presidente habían provocado la alarma de la Unión Industrial, la Sociedad Rural, la Cámara de Comercio y la Bolsa de Valores. Sus representantes le advirtieron que el programa de la CGT y la CGE, al que calificaron de estatista e inflacionario, habría de conducir al país a repetir los errores del pasado. El semanario *Análisis* dedicó varios de sus editoriales del período a criticar la política anti Krieger del gobierno, vaticinando el descontrol de la inflación. Sin embargo, Lanusse, comprometido como lo estaba con la salida electoral, de cuyo éxito dependía la conservación de su liderazgo sobre las Fuerzas Armadas y su propio futuro político, no vaciló en conceder un aumento del 12 por ciento en los salarios; prometió que se reanudarían las negociaciones colectivas a partir del 1º de enero de 1973 y anunció la creación de un Fondo Nacional de la Vivienda. El nombramiento de Jorge Wehbe, en reemplazo de Quilici, respondió a ese giro pragmático hacia la CGT y la CGE. Wehbe pretendió sin éxito un manejo más prudente de la economía que el que reclamaban las organizaciones empresarias más poderosas. El futuro gobierno habría de recibir una economía inflacionaria, con casi todos los indicadores económicos en retroceso.

La posición de Lanusse en la negociación con Perón estaba debilitada y su propio poder desgastado. Blanco de la campaña desatada por *Primera Plana*, el semanario dedicaba la columna titulada "Carta de Situación" a socavar su liderazgo en las Fuerzas Armadas. Con el estilo de un parte militar, el peronismo, incluidas las organizaciones guerrilleras, era presentado como un movimiento de liberación nacional en lucha contra "fuerzas enemigas". Los enemigos eran el imperialismo y sus colaboradores de la oligarquía y el "Estado liberal", bajo la forma de partido militar y de fuerza de ocupación.[32] El 17 de octubre se aproximaba y crecía el temor de un alzamiento, veintisiete años después de la memorable jornada que pavimentara el camino de Perón al poder. Pero esta vez Perón anunciaba un nuevo 17 de octubre nacional, un "argentinazo". El gobierno se preguntaba si bastaría adelantar la fecha de convocatoria a elecciones para calmar la escalada insurreccional en ciernes. Lanusse se vio obligado a seguir la dinámica del proceso que él mismo había desatado, acosado por Perón y por la guerrilla que se reconocía en el liderazgo del anciano caudillo.

El 15 de agosto, la fuga de la penitenciaría de Rawson de importantes jefes de la guerrilla –entre los que se encontraba Roberto Santucho, dirigente del ERP, la organización que se había atribuido la responsabilidad por el secuestro del ejecutivo italiano Oberdan Salustro– había asestado un rudo golpe al prestigio de las autoridades. El penal de Rawson, en la Patagonia, era considerado de máxima seguridad. Sin embargo, el hecho que habría de conmover a la opinión pública fue el confuso episodio que tuvo lugar una semana después de la fuga, cuando fueron baleados y perdieron la vida dieciséis prisioneros que no habían logrado escapar. La opinión generalizada lo calificó de masacre fríamente planeada. La reacción de Perón no se hizo esperar. En una conferencia de prensa desde San Sebastián, afirmó: "Nunca hemos utilizado la fuerza. La fuerza nuestra está en los votos. Ésa es nuestra fuerza. Con ella llegamos y con ella nos mantuvimos".[33] Este mensaje, desconcertante para la Juventud Peronista, que se definía como vanguardia revolucionaria de la lucha popular por su vuelta, pudo ser interpretado como un retroceso táctico de su jefe, resultado de las necesidades impuestas por la coyuntura. No contaban los principios que moderaran las ambiciones. Contaba, en cambio, ganar la partida de un juego cuyas reglas sucesivamente podían ser alteradas acorde con las necesidades del ganador, siempre justificadas como un esfuerzo heroico por sentar las bases de la sociedad justa.

En este escenario, los restantes puntos del decálogo de Perón devolvían la estocada a Lanusse. Tendría que demostrar que "le daba el cuero" para aceptar el nuevo desafío. La inclusión de la amnistía pa-

32. *Primera Plana*, 25 de julio de 1972, pág. 5.
33. *Panorama*, 12 de setiembre de 1972.

ra los guerrilleros condenados, el nombramiento de un militar en actividad en el Ministerio del Interior y la demanda de una revisión de las reformas constitucionales y de las condiciones fijadas para el proceso electoral, atacaban todo el diseño institucional, trabajosamente elaborado por Lanusse y Mor Roig. El gobierno no podía aceptar que Perón fijara los términos de la negociación, pero tampoco podía rechazar el planteo de Perón sin arriesgarse al fracaso del plan político. Para ese entonces se hacía evidente que el GAN no tenía el eco esperado en los partidos políticos. ¿Habría que convocar un plebiscito para que la ciudadanía se pronunciara? Lanusse no consiguió el

Afiches callejeros que ponían en primer plano la masacre de Trelew.

Pintadas callejeras que ilustran la indignación frente a los hechos de Trelew.

Imagen de una manifestación política próxima a Plaza de Mayo.

aval de sus pares de la Junta para emprender esa aventura inspirada en el referéndum que llevó al general Charles de Gaulle a parafrasear a Luis XIV, al afirmar "El gobierno soy yo". No pudo lograr lo que había conseguido el fundador de la Quinta República: el gobierno no era él; los comandantes en jefe no lo acompañaron.[34] Enfrentado a la inminencia del retorno del anciano líder, en cuya posibilidad él mismo confesó que nunca había creído, sólo quedó a Lanusse la opción de esperar el curso de acción elegido por quien a esas alturas se había convertido en el árbitro del orden político.

El nuevo 17 de octubre que la Juventud Peronista vaticinaba y su jefe había alentado desde el exilio, no se había producido. Empero, Perón había logrado profundizar los conflictos en la corporación castrense. El 17 de noviembre, Perón regresó "en prenda de paz". "No tengo odios ni rencores. No es tiempo de revanchas, retorno

34. En una entrevista concedida a la editorial Hispamérica, el brigadier general Juan Carlos Rey, comandante en jefe de la Fuerza Aérea, expuso las razones de su rechazo al plebiscito. Véase *Historia del peronismo: El GAN*, Editorial Cónica, Buenos Aires, 1994.

como pacificador de los espíritus" dijo a los argentinos que lo recibían con una mezcla de asombro e incredulidad y en medio de un estricto operativo de seguridad montado por los militares alrededor del aeropuerto de Ezeiza. Las 62 Organizaciones declararon ese día, "Día de Júbilo Nacional" y el gobierno, por su parte, decretó feriado. Durante los veintiocho días que permaneció en el país, la casa de la calle Gaspar Campos en la que residió, se convirtió en el centro de peregrinaje de multitudes que se acercaban a saludarlo y o simplemente se conformaban con verlo aparecer tras una ventana para confirmar que, lo que parecía un sueño, era realidad.

Perón se puso inmediatamente en movimiento; selló su reconciliación con el líder de los radicales, Ricardo Balbín, y echó los cimientos de un amplio frente electoral que habría de reunir a los peronistas, al Partido Conservador Popular, a los seguidores de Frondizi, al Partido Popular Cristiano y a un sector del socialismo. La reunión celebrada en el restaurante Nino, denominada "Asamblea

Perón y Balbín, los dos caudillos, sin los viejos antagonismos. Agosto de 1973.

116

de Unión Nacional", no dejó dudas sobre el poder de convocatoria del líder. Habían asistido los dirigentes de los partidos y de la CGT y la CGE. Sólo estuvieron ausentes el partido recientemente creado por el ex ministro de Bienestar Social, Francisco Manrique, y los dirigentes de los partidos provinciales. Estos últimos eran los beneficiarios de la Ley Orgánica de los Partidos Políticos elaborada por el gobierno. Cualquier coalición de agrupaciones podía aspirar a constituir un partido nacional siempre que cumpliera el requisito de representatividad en cinco distritos. ¿Acaso un frente federalista que arrastrara a partidarios de Frondizi y a neoperonistas podría cumplir para Lanusse la función que el Laborismo había representado para Perón?, se preguntaban muchos de sus dirigentes.

El encuentro con los partidos políticos convirtió a Perón en el verdadero artífice del acuerdo nacional. Las elecciones aparecieron como una exigencia de la civilidad y no como una concesión de los militares. *La Nación* del 23 de noviembre decía que "el gobierno se vio obligado a seguir la dinámica que él mismo había desencadenado". Y agregaba: "Las elecciones son imprescindibles, porque sin ellas no hay ninguna solución estable y porque la exigencia de un gobierno fuerte como el que el país necesita sólo surge del vigor incontenible de la democracia que sólo genera el sufragio".

Perón partió rumbo a Paraguay sin despejar la incógnita de quién habría de ser el candidato presidencial de la alianza electoral que había auspiciado. "Que se arreglen los muchachos", se dice que habría manifestado. No tuvo ningún encuentro con los miembros de la Junta. Ni Perón lo buscó ni Lanusse lo propició. Ya en Madrid, el general confirmó como candidato presidencial a Héctor Cámpora. ¿Por qué Cámpora? Este oscuro dentista oriundo de la localidad de San Andrés de Giles, en la provincia de Buenos Aires, era conocido por su total sumisión a Perón y sus recientes y estrechas vinculaciones con los militantes de la Juventud Peronista. Perón premió la lealtad y la verticalidad, los dos principios rectores de su movimiento, y como militar que era, se aseguró un subordinado obediente a sus órdenes. Jorge Paladino no había sido tan dócil.

La decisión de Perón provocó malestar entre los dirigentes sindicales y los políticos moderados, que se sintieron injustamente postergados. Para los sindicalistas, el único candidato era el propio Perón en un intento de buscar un equilibrio más favorable a sus intereses. La Juventud Peronista, por su parte, levantó la consigna "Cámpora leal, socialismo nacional", convencida de que estaba siendo llamada a ocupar un lugar de privilegio en el nuevo equilibrio de fuerzas que Perón parecía imponer. Poco antes, Juan Abal Medina, hermano del jefe de los Montoneros, había sido designado secretario general del movimiento justicialista, confirmando así las aspiraciones de quienes se sentían sus verdaderos herederos.

Cámpora, además, reunía otra particularidad: no podía ser candidato porque había violado con sus viajes al exterior las restricciones impuestas por el gobierno. Lanusse afirma en su libro *Mi testimonio*, que Perón buscaba la proscripción de su candidato en nuevo giro de su zigzagueante táctica política. Convencido de que con el veto a Cámpora vendría a reemplazarlo "un candidato más irritativo (desde Julián Licastro a Rodolfo Galimberti, pasando por cualquiera que fuera impotable para el gobierno)" y que en ese caso, las Fuerzas Armadas se encontrarían en un callejón sin salida, Lanusse optó por ignorar este último desafío de Perón.[35] Perón declaró más tarde: "Cámpora les cuesta, pero Licastro les cuesta mucho más. Licastro es la juventud y ya medio le tienen miedo a la juventud (...). No, no lo van a proscribir a Cámpora". Y agregó un mensaje cuyo destinatario eran los jefes sindicales: "En la acción sindical hay mucha burocracia (...) yo los he visto defeccionar a muchos en el momento más decisivo de toda nuestra historia política (...) Por eso (...) organicé el movimiento sobre tres patas. Nosotros manejamos la acción popular a través de la línea política (...) el manejo sindical es solamente para la defensa de los intereses profesionales; no da para más (...) qué va a manejar Coria".[36] Perón supuso, escogiendo a los jóvenes, que estos serían más dóciles a sus órdenes de lo que habían sido los sindicalistas en el pasado y su equivocación habría de deparar trágicas consecuencias.

El plazo fijado por el gobierno para registrar las alianzas electo-

35. Lanusse, A.: *Mi testimonio*, ob. cit., pág. 277.

36. *Mayoría*, Buenos Aires, 14 de enero de 1973. Rogelio Coria estaba al frente de la Unión Obrera de la Construcción (UOCRA) y en la dirección de las 62 Organizaciones, nomenclatura que adoptaron los sindicatos fieles a Perón durante el congreso realizado en 1957. A partir de entonces las 62 Organizaciones actuaron como coordinadora política de los sindicatos peronistas. En los años sesenta, durante el apogeo de Vandor, las 62 Organizaciones se escindieron entre partidarios del liderazgo neoperonista de Vandor y partidarios de José Alonso (las 62 De Pie).

rales se acercaba y los partidos, a excepción del radicalismo que optó por concurrir solo a los comicios con la fórmula Ricardo Balbín-Eduardo Gamond, se volcaron a la tarea de tejer acuerdos. ¿Por qué los radicales, continuando la tradición del partido, renunciaron a tejer alianzas? A fines de noviembre de 1972, Balbín decía en el Comité Nacional de la UCR: "Con toda franqueza declaro que rechazo los acuerdos y los frentes. El requisito básico es la institucionalización y la vigencia (...) de la democracia representativa (...) rechazamos las proscripciones y cualquier clase de condicionamiento". ¿Acaso Balbín especulaba con la proscripción del Frente Justicialista y la esperanza de que los votos peronistas terminaran volcándose hacia el radicalismo, como lo afirma Lanusse?[37] Las posibilidades de que la UCR arrebatara el triunfo al peronismo eran remotas; sin embargo, ese argumento no alcanza para explicar la renuncia a formar una alianza electoral. La consigna por la que optaron, "Con el Radicalismo gana el país" era una apuesta poco realista. La idea de que la victoria peronista era el precio a pagar por la restauración de la concordia parece haber predominado en el Partido Radical. La hipótesis de que Balbín habría escogido un papel semejante al que Mitre adoptó con resignación ante el ascenso del roquismo, como sostiene Halperin, es la que mejor interpreta el comportamiento del jefe del radicalismo.[38]

La corriente de renovación partidaria encabezada por Alfonsín no había podido arrebatarle el liderazgo histórico a Balbín. De haber triunfado la candidatura de Alfonsín, impulsada por la generación intermedia de dirigentes, puede conjeturarse que otra hubiera sido la estrategia seguida por los radicales en el tortuoso camino que desembocó en las elecciones de marzo de 1973, pero esto no podían imaginarlo los protagonistas de entonces, ignorantes de cuál habría de ser finalmente el comportamiento de Perón. El abrazo de Perón y Balbín fue para Perón una estrategia más eficaz que lo que en el pasado había sido la cárcel en la tarea de neutralizar a sus adversarios. Mientras el radicalismo se apegó a la tradición, el general de-

37. Lanusse, A.: *Mi testimonio*, ob. cit., pág. 302.
38. Halperin Donghi, T.: *La larga agonía de la Argentina peronista*, ob. cit., pág. 62.

mostró que no había perdido su capacidad de asombrar.

El Frente Justicialista de Liberación Nacional (FREJULI) finalmente quedó integrado por el Justicialismo, el partido Conservador Popular de Vicente Solano Lima, el Movimiento de Integración y Desarrollo (MID) de Arturo Frondizi, el Partido Popular Cristiano de José Allende, la rama del socialismo conducida por José Selser y siete partidos neoperonistas provinciales. Perón había logrado sumar partidos y fracciones prácticamente extinguidos como fuerzas electorales. El Partido Intransigente de Oscar Alende y el Partido Revolucionario Cristiano de Horacio Sueldo se retiraron del FREJULI en noviembre de 1972, en protesta contra la reserva del 75 por ciento de las bancas del Frente por parte del Partido Justicialista y rechazando, por demasiado moderado, el programa económico de la coalición; un descubrimiento que sucedió al fracaso en el intento por mejorar su participación en la distribución institucional del poder. Ambos formaron la Alianza Revolucionaria Popular y ocuparon el centroizquierda del espectro político. La Unión Popular y el Partido Demócrata Progresista se incorporaron a la Alianza Popular Federalista, una conjunción de fuerzas independientes y partidos locales y proclamaron la fórmula compuesta por Francisco Manrique, el ex ministro de Bienestar Social y Rafael Martínez Raymonda, un dirigente del Partido Demócrata Progresista. Manrique, a esas alturas conocido como "el ex ministro de la felicidad" por su campaña desde la gestión en Bienestar Social, impulsó por televisión su eslogan "Venga conmigo", haciendo gala de su renovado ingenio para la publicidad política. Dos fracciones del antiguo socialismo levantaron la candidatura de Américo Ghioldi y Juan Carlos Coral. Un grupo de partidos provinciales concretó la Alianza Republicana y lanzó la candidatura presidencial del brigadier Ezequiel Martínez Estrada, con Leopoldo Bravo, el caudillo del bloquismo de San Juan, como vicepresidente. El Partido Cívico Independiente de Álvaro Alsogaray designó candidato a Julio Chamizo, y Jorge Abelardo Ramos encabezó la fórmula del Frente de Izquierda Popular.

Contribuía a la inquietud del gobierno el tono antimilitar de la campaña justicialista. La consigna coreada por la juventud peronista, "Cámpora al gobierno, Perón al poder" era un claro desafío. Si el justicialismo triunfara, razonaba el general Lanusse, y los extremistas ocuparan posiciones de poder, el futuro de las Fuerzas Armadas habría de correr graves peligros. Muchos argentinos se preguntaban entonces si habría elecciones o si se repetiría la experiencia de 1963, cuando el frente encabezado por el justicialismo fue finalmente proscripto. Lanusse reconoció que "Un error ciertamente importante, durante todo ese período y hasta comienzos de 1973, fue que, a pesar de haber definido que el peronismo podría ir a elecciones, fracasamos en precisar cuáles serían los límites reales de nuestra decisión, en forma que hasta último momento, el país no terminaba de saber si el FREJULI –en cuyo apoyo se había volcado casi todo el aparato subversivo– podría o no llegar al 11 de marzo".[39]

A fines de enero, la Junta de Comandantes emitió una declaración, conocida como "los cinco puntos", en la que manifestaba su decisión de continuar el proceso político, respetar los resultados de las elecciones y apoyar las instituciones de la democracia. A cambio de su actitud exigía que el futuro gobierno respetara la Constitución y las leyes; rechazaba una amnistía indiscriminada para los crímenes relacionados con la subversión y el terrorismo y pedía la participación en el futuro gabinete de ministros militares elegidos por el presidente constitucional. Sin embargo, el gobierno comprendió pronto que sus declaraciones sólo tendrían un efecto retórico. A diferencia de lo ocurrido en otras transiciones hacia la democracia en el cono sur, en las que militares y civiles acordaron las reglas de la salida, los militares no tenían con quién pactar las garantías para su retirada ni las modalidades de su deseada intervención en el futuro gobierno constitutional.

En el discurso con que se dirigió a los argentinos en la víspera de los comicios, Lanusse les planteó la disyuntiva entre elegir a un gobierno democrático o someter a la república a la anarquía, encarnada en la voluntad de un solo hombre. Esta apelación de tono dramático junto con la nueva legislación electoral, eran las dos últimas cartas que le quedaban a Lanusse. La cláusula de residencia había conseguido bloquear la candidatura de Perón. Los militares razonaban que, privado del candidato unificador, el heterogéneo movimiento peronista que albergaba desde la extrema derecha hasta la extrema izquierda, iba a estallar en pedazos gracias al doble turno electoral. Especulando sobre la base de los resultados obtenidos por los pero-

39. Lanusse, A.: *Mi testimonio*, ob. cit., pág. 301.

nistas en comicios anteriores y los datos de algunas encuestas, confiaban en que los peronistas sólo habrían de alcanzar la primera minoría. La unión de los no peronistas en la segunda vuelta, habría de dar una victoria masiva e irrefutable a las "fuerzas democráticas". Pero su admonición contra "los falsos apóstoles", tuvo el efecto opuesto al deseado y no hubo segunda vuelta en los comicios. La masa de electores que dieron su voto al frente peronista no lo había hecho por inclinaciones antidemocráticas, confiaban en que el peronismo lograría el cambio que pusiera fin a casi dos décadas de frustraciones.

El 11 de marzo de 1973, la coalición peronista obtuvo el 49,5 por ciento de los votos, los radicales el 21 por ciento y ninguno de los restantes partidos alcanzó el 15 por ciento requerido para presentarse a una segunda vuelta. La Alianza Federal de Manrique rozó el límite mínimo con el 14,9 por ciento de los sufragios, una cifra sorprendente que refleja el éxito de este político improvisado desde la gestión social del régimen militar, de quien se decía entonces "gusta a las mujeres porque inspira seguridad", que había elegido como blanco de su campaña a los jubilados, una masa significativa de electores, y quien desde su periódico *El Correo de la Tarde*, había logrado ganarse adeptos. A siete puntos de distancia siguió la Alianza Popular Revolucionaria de Oscar Alende. Pese a que el FREJULI no había alcanzado la mayoría absoluta, la magnitud de la diferencia con sus opositores confirió a su victoria una dimensión aplastante.

El mapa electoral del peronismo no se había modificado en forma significativa desde que Perón fuera derrocado en 1955. El análisis de Manuel Mora y Araujo sobre las bases sociales del voto peronista, muestra que, como en 1946 y en 1951, los mejores resultados se registraron en las provincias menos desarrolladas, tanto en las áreas rurales como en las semiurbanas. En Formosa, llegó a su máximo con un 67,9 por ciento de los votos; en la Capital Federal logró el mínimo con un 37 por ciento. En las zonas más desarrolladas del país, el voto peronista tuvo una base esencialmente obrera. Las provincias de Buenos Aires y Santa Fe, que en conjunto representaron el 49 por ciento de los sufragios emitidos, eran las más industrializadas y las que aportaron el grueso de los sufragios al Frente Justicialista. El voto de los trabajadores industriales, para los que el peronismo representaba la oposición absoluta a un sistema que había multiplicado las injusticias y echado por tierra las conquistas sociales, y el voto popular masivo, hicieron posible el retorno del peronismo al poder. No fue el aporte de las clases medias, renuentes a apoyar al peronismo tanto en las zonas urbanas como en las rurales, lo que decidió la victoria.[40] A lo largo de dieciocho años, el país se había transformado y el peronismo había sobrevivido, él mismo transformándose. El cuerpo electoral se había renovado parcialmente: los nuevos electores que alcanzaron la mayoría electoral representaban una quinta parte del padrón. En 1973, la confianza de los electores en la fórmula del peronismo se nutría de una mezcla de nostalgia del pasado –pese a que más de la mitad de la población tenía menos de 29 años y no guardaba ninguna experiencia vivida de la "edad de oro" peronista– y de esperanza por un futuro que cambiara el destino del país y, tal vez, sus propias vidas.

El resultado de los comicios no trajo aparejado novedades significativas. En cambio, sí fue una novedad el reconocimiento de la legitimidad de los vencedores. Lanusse entregó el mando a Cámpora llevándose la visión de Perón enfrentado, como otros antes que él, a la ímproba tarea de construir un orden político capaz de poner fin a las pasiones que enfrentaban a los argentinos. Esa visión pudo haber sido un consuelo para su amarga derrota. Si Perón fracasaba en esa empresa, habría de preparar, sobre las ruinas de su liderazgo, un nuevo retorno de los militares al poder. Su rostro adusto, que sobresalía gracias a su estatura física entre el enjambre de personajes que pugnaban por acercarse al nuevo presidente, presagiaba un futuro tenebroso a los asistentes a la caótica ceremonia de transmisión del mando. La multitud reunida en la Plaza de Mayo coreaba: "Se van, se van y nunca volverán". El temor por los acontecimientos de violencia que se desarrollaban alrededor de la Casa Rosada, a la que era casi imposible acceder, hizo que muchos invitados desistieran de participar en la ceremonia. Cámpora debió llegar en un helicóptero. ¿Acaso ese descontrol de la movilización popular era el presagio de los tiempos que se avecinaban? En el discurso leído por Cámpora ante el Congreso, había afirmado "La violencia decaerá. La paz

40. Manuel Mora y Araujo: "Las bases estructurales del voto peronista", en M. Mora y Araujo e Ignacio Llorente, *El voto peronista*, Buenos Aires, Sudamericana, 1980, págs. 397-440.

El presidente electo de Chile, Salvador Allende, saluda al presidente constitucional Héctor J. Cámpora, en el acto de su asunción, el 25 de mayo de 1973.

prevalecerá", pero no dejó de señalar que "...en los momentos decisivos, una juventud maravillosa supo oponerse, con la decisión y el coraje de las más vibrantes epopeyas nacionales, a la pasión ciega y enfermiza de una oligarquía delirante. ¡Cómo no va a pertenecer también a esa juventud este triunfo si lo dio todo –familia, amigos, hacienda y hasta la vida– por el ideal de una patria justicialista! Si no hubiera sido por ella tal vez la agonía del régimen se habría prorrogado (...) Por eso la sangre que fue derramada, los agravios que se hicieron a la carne y al espíritu, el escarnio de que fueron objeto los justos, no serán negociados".[41] En un breve discurso pronunciado luego desde el balcón de la Casa Rosada en el que Perón había emocionado a multitudes, Cámpora dijo "Yo sé que ustedes querrían ver en este lugar y con estos atributos presidenciales al general Perón. Pues yo les aseguro que en este momento es Perón quien ha asumido el poder". Su discurso terminó con el recuerdo de la consigna que Perón repetía al finalizar sus encuentros con el pueblo: "De casa al trabajo y del trabajo a casa". Sin embargo, no todos obedecieron. Como un signo de los nuevos tiempos, una multitud se agolpó frente a la cárcel de Devoto reclamando la liberación de los "soldados de Perón".

Esa misma noche, Cámpora firmó un indulto masivo para los militantes detenidos, que el Congreso se apresuró a sancionar al día siguiente. El "Devotazo", como se denominó a la revuelta de los presos en el penal de Villa Devoto, apoyada por una masiva manifestación que coreaba "El Tío presidente, libertad a los combatientes", fue el origen de la ley de Amnistía, que habría de ser la primera ley sancionada por el Congreso. La amnistía abarcó a todos los delitos cometidos "con móviles políticos, sociales, gremiales o estudiantiles, cualquiera sea su modo de comisión; la participación en asociaciones ilícitas o hechos cometidos como miembros de ellas o con motivo de manifestaciones de protesta, ocupaciones de fábricas o medidas de fuerza" y dispuso el cese de los funcionarios de la Cámara Penal Federal –conocida como "el Camarón"– creada por el gobierno de Lanusse. Uno de los cinco puntos de la Junta Militar ya había sido anulado por los hechos. Esta amnistía amplia "no echó un manto de olvido sobre el desencuentro argentino", como anunció

41. *La Opinión*, 26 de mayo de 1973.

entonces el senador radical Fernando de la Rúa. ¿Cuál habría sido el curso de la historia iniciada en mayo de 1973 si los prisioneros hubieran sido sometidos al debido proceso?

La Juventud Peronista en el techo de la Catedral Metropolitana.

III. RETORNO Y DERRUMBE

1. El gobierno peronista

Instalado el gobierno de Cámpora, el clima inquietante de la campaña electoral no habría de cesar. El clivaje esencial de la vida política ya no oponía a partidarios y adversarios del "líder de los descamisados". En el conglomerado peronista, los conflictos tenían como protagonistas a la "derecha" y la "izquierda", a los "leales" y los "traidores", a los "infiltrados" y a la "burocracia sindical" dentro del conglomerado peronista. ¿Quiénes eran los vencedores y quiénes los vencidos dentro del peronismo? La respuesta a ese interrogante dependía de la definición misma del peronismo que la deliberada ambigüedad de Perón había sabido eludir. ¿Era el peronismo un movimiento populista encolumnado detrás del carisma de su jefe?, ¿un movimiento revolucionario, instrumento de una experiencia como la de Cuba o la de Chile?, ¿un partido laborista, apoyado en sindicatos poderosos, más dispuestos a negociar con los empresarios y con el gobierno, que a desafiar al poder?

El movimiento peronista no era un partido. Organizado sobre la base del principio de la verticalidad –las órdenes del jefe deben de ser obedecidas– había logrado sobrevivir a todas las tentativas de hacerlo desaparecer de la escena política gracias a la habilidad con que Perón manejó su concepción militar de la política. El destierro de

127

Perón y su negativa a institucionalizar la fuerza política de la que era creador, fueron factores decisivos en el éxito de la operación política que lo devolvió al gobierno. Gracias a su habilidad, el viejo caudillo había logrado convertirse en la encarnación de la "patria socialista" y de la "patria peronista", términos que designaban la transferencia del poder político a quienes se reclamaban sus herederos, ya sea porque habían combatido con éxito en sus "formaciones especiales", ya sea porque habían defendido la ortodoxia peronista durante dieciocho años. Detrás de esas consignas no había programas políticos que tradujeran las preferencias de quienes las defendían. De este modo, lo que estuvo en juego en las luchas que atravesaron al peronismo desde su regreso al gobierno fue el control del movimiento y del gobierno mismo, en nombre del "verdadero" peronismo.

Los jefes sindicales no recibieron con entusiasmo al nuevo presidente. Habían sido postergados por Perón en el plan que condujo a los militares a sus cuarteles. El líder prefirió apoyarse en sus viejos cuadros políticos y en la generación de jóvenes combativos que, convencida de que "Perón es el pueblo peronista", había ingresado al movimiento en tiempos más recientes. Esta juventud se sentía la protagonista decisiva de la victoria.[1] Pero esa certeza no era exclusiva de quienes la integraban. La opinión pública, sensible a la imagen de una Argentina heroica, adoptó esta perspectiva impregnada de romanticismo. Ya sea como "heroicos defensores de la libertad", ya sea como "terroristas sanguinarios" –dos imágenes igualmente erradas, como bien lo fundamenta Richard Gillespie–, la centralidad que adquirió la violencia eclipsó la operación política que tuvo como protagonistas clave a Perón y a Lanusse.[2]

1. La Juventud Peronista era un conglomerado. La integraban grupos y tendencias de diversa extracción e ideología. En su mayor parte, la tendencia que se identificó con la "patria socialista" estaba compuesta por la Juventud Trabajadora Peronista (JTP) creada tras el triunfo electoral; la Juventud Sindical Peronista; la Juventud Universitaria Peronista (JUP), la Unión de Estudiantes Secundarios (UES), las Fuerzas Armadas Revolucionarias (FAR), los Montoneros, las Fuerzas Armadas Peronistas (FAP) y el denominado Peronismo de Base (PB). Otro sector juvenil igualmente importante, denominado Transvasamiento generacional, cuya consigna era la "patria peronista", estaba formado por la Federación de Estudiantes Nacionales (FEN), la Organización Universitaria Peronista (OUP), considerados nacionalistas-reformistas y por el llamado Encuadramiento de la Juventud.

2. Gillespie, Richard, ob. cit.

La tolerancia de la sociedad hacia la violencia que acompañó la breve gestión de Cámpora –el presidente no alcanzó a completar los dos meses en el poder– fue el resultado de la idea predominante entonces de que se trataba de una reacción pasajera, fruto de siete años de dictadura militar. La complacencia del presidente, en cambio, obedeció a otras causas. Cámpora era un presidente por delegación, no tenía la autoridad necesaria para hacer frente a la tarea encomendada por Perón y pronto se hizo visible que tampoco las habilidades que la envergadura de esa empresa requerían. La Juventud Peronista, con una orientación crecientemente montonera, había sido la protagonista indiscutible de la campaña electoral y logrado que ese triunfo se viviera como una gran fiesta en las calles. "El Tío", como llamaban al presidente, tenía que escuchar sus reclamos.

El gabinete que acompañó a Cámpora era un buen reflejo del intento de lograr un equilibrio entre las distintas corrientes internas del peronismo. Las tendencias de izquierda de la juventud estaban vagamente representadas por el ministro del Interior, Esteban Righi y el de Relaciones Exteriores, Juan Puig. Tres representantes del peronismo histórico ocuparon los Ministerios de Economía, Educación y Justicia. La responsabilidad recayó en José Gelbard, Jorge Taiana y Adolfo Benítez, respectivamente. Ricardo Otero, dirigente de los metalúrgicos, ocupó el Ministerio de Trabajo. José López Rega fue designado en Bienestar Social. Rodolfo Puiggrós, un historiador nacionalista, expulsado del Partido Comunista en 1948 por sus opiniones a favor de la colaboración con el peronismo, fue nombrado interventor de la Universidad de Buenos Aires. Pronto ésta dejó de ser el ámbito tradicionalmente liberal que fuera desde 1955, para convertirse en la "Universidad Nacional y Popular de Buenos Aires", y los catedráticos que habían sido partidarios del régimen militar o que eran "agentes de compañías que deforman el proceso histórico nacional" fueron despedidos.[3] Esta distribución del poder no alcanzó para neutralizar los conflictos surgidos de los contradictorios intereses que reunía la coalición peronista; por el contrario, contribuyó a que esos conflictos penetraran en el gobierno.

Los Montoneros habían concedido una tregua tras la asunción del nuevo presidente, pero la movilización de la juventud, su formi-

---

3. Puiggrós, Rodolfo: *La Universidad del Pueblo*, Buenos Aires, Crisis, 1974.

dable poder de convocatoria que arrastraba multitudes y el recurso creciente a la acción directa –la ocupación de los lugares de trabajo y de las casas de estudio– crearon un clima de crisis de autoridad. *La Opinión* decía que "la ola de ocupaciones que se generalizó en reparticiones públicas, empresas del Estado, hospitales y medios de difusión resulta tan confusa como inaceptable: es difícil asumir el sentido de tales actos cuando el gobierno –que los ocupantes dicen defender– controla perfectamente el aparato del Estado y ninguna amenaza visible parece cernirse sobre ningún centro vital. Por el contrario, son precisamente tales ocupaciones las que pueden proporcionar un clima de caos, vacío de poder y provocar graves enfrentamientos".[4]

Por una nueva paradoja, el plan de Perón de organizar el nuevo gobierno sobre la base de un acuerdo parlamentario entre el peronismo y el radicalismo, y de un pacto social entre empresarios y sindicatos, se enfrentaba a las acciones desestabilizadoras que él mismo había estimulado. Dispuesto al diálogo con los partidos, defensor de la democracia, el Perón de 1973 aparecía como un nuevo Perón, enriquecido por su experiencia de exilio europeo. ¿Cómo habría de lograr la paz de los violentos? Pero la juventud revolucionaria no agotaba el abanico de desafíos que se planteaban al gobierno peronista, aunque contribuía a eclipsarlos. ¿Cómo disciplinar las demandas sociales de quienes habían visto reducida su participación en el ingreso nacional a lo largo de casi dos décadas? ¿Cómo persuadir de la necesidad de la convivencia política a quienes la proscripción política había llevado a anhelar una revancha?

Los partidos políticos y las asociaciones profesionales salían del prolongado letargo a que los habían condenado las prohibiciones y los castigos. ¿Cómo habrían de encauzar el poder social que se había acumulado al margen de las instituciones representativas? La política se había nutrido de la protesta contra un sistema institucional que excluía a las mayorías. Ahora que el peronismo ocupaba el gobierno, ¿cómo transformar un movimiento, desarrollado durante años como fuerza de oposición, en una fuerza de gobierno?

4. *La Opinión*, 15 de julio de 1973.

Un mes antes de la asunción del mando por Cámpora, Perón dio una señal de que su apoyo sin reservas a los grupos armados había terminado y destituyó a Rodolfo Galimberti de su cargo de delegado nacional de la juventud en el Consejo Superior del movimiento peronista, debido a las declaraciones que éste hiciera en favor de la creación de milicias populares. En ocasión de los disturbios ocurridos el 25 de mayo, había advertido a la juventud sobre la necesidad de controlar las provocaciones "trotskistas y gorilas".

Desde la de salida de Krieger Vasena, la inflación había subido año a año. La desaparición del Ministerio de Economía durante la administración de Lanusse impidió evitar los desbordes inflacionarios. Con un aumento de precios de 58,6 por ciento, el año 1972 ocupó el segundo lugar en el ránking del siglo, como observan Gerchunoff y Llach.[5] En los primeros cinco meses de 1973, la inflación ya había superado el 100 por ciento anual. En esa situación, la limitación de las demandas salariales de los sindicatos era una condición necesaria para cualquier política de estabilización. El panorama económico se había deteriorado desde 1970 y las cifras de crecimiento y superávit comercial que se habían alcanzado en los años anteriores, se habían ido desdibujando.

La economía había crecido a lo largo de la década iniciada en 1964 a una tasa anual promedio del 4 por ciento, motorizada por el crecimiento sostenido de las exportaciones, fruto de los avances en la productividad rural y del notable crecimiento del sector agropecuario pampeano iniciado a principio de los años sesenta, la maduración de las inversiones realizadas durante la administración de Frondizi, y las inversiones realizadas a lo largo de la última década. Sin embargo, la persistencia de los conflictos y la inestabilidad de los precios impidió apreciar que la Argentina había crecido en una década como nunca lo había hecho antes. Fue el poder político que el sindicalismo logró acumular lo que hizo que su capacidad de ejercer presión no estuviera estrictamente ligada a la coyuntura económica y sí a la trama de acuerdos que estuvieran en condiciones de articular. En contextos recesivos, las políticas de estabilización fueron resistidas por la alianza entre el sindicalismo y el empresariado

5. Gerchunoff, Pablo y Llach, Lucas: *El ciclo de la ilusión y el desencanto. Un siglo de políticas económicas argentinas*, Buenos Aires, Ariel, 1998, cap. VIII.

mediano, que en repetidas ocasiones vinculó a la CGT y a la CGE.[6] No es extraño que el gobierno vislumbrara un futuro sombrío.

José Gelbard había dado pruebas de su habilidad para ganarse apoyos políticos en el radicalismo durante los años de la Revolución Argentina y para reconquistar el favor de Perón, cuando radicales y peronistas convergieron en la Hora del Pueblo. Congruente con su creencia de que la política económica debe basarse en las iniciativas de los capitales nacionales privados, Perón le confió la conducción de la economía, como lo había hecho con el exitoso empresario Miguel Miranda, durante su primer mandato. La designación de Gelbard no fue una sorpresa mayor, como observa Di Tella.[7] El programa de la CGE, dado a conocer antes de las elecciones de marzo de 1973, denominado "Sugerencias del empresariado nacional para un programa de gobierno", tenía un moderado tono reformista, nacionalista y distribucionista. No contenía elementos que pudieran alarmar demasiado al *establishment* económico. La expectativa de que el gobierno de Cámpora tomara medidas más drásticas contra el capital –acorde con el espíritu dominante en la movilización popular– alentó la convicción de que Gelbard era un mal menor. A comienzos de junio, el gobierno anunció la firma del "Compromiso para la reconstrucción nacional, la liberación nacional y la justicia social", conocido como el "Pacto Social" y basado en el compromiso previamente asumido por la CGE, la CGT y el Ministerio de Economía, el 30 de mayo de 1973. La nueva política de ingresos establecida en ese compromiso otorgó un aumento salarial del 20 por ciento, suspendió las negociaciones colectivas por dos años y congeló los precios de todos los bienes por un período similar. Las expectativas despertadas por la vuelta del peronismo al gobierno, tanto en la dirigencia sindical como en los sectores obreros, se vieron frustradas. La participación de los asalariados en el ingreso nacional había caído desde el 46,51 por ciento alcanzado en 1952, a menos del 38 por ciento en junio de 1971. El recuerdo de una de las primeras decisiones de Frondizi, luego de resultar electo con el voto de los peronis-

6. Para un análisis de esta política de alianzas, véase O' Donnell, Guillermo: *Estado y alianzas en la Argentina,1956-1976*, Buenos Aires, CEDES/CLACSO, nº 5 s/d.

7. Di Tella, Guido: *Perón-Perón. 1973-1976*, Buenos Aires, Sudamericana, 1983, pág. 149.

tas, en 1958 –un aumento salarial del 60 por ciento– había alentado previsiones optimistas, incluso del ministro de Trabajo, Ricardo Otero, dirigente de los metalúrgicos, quien "hablando en su condición de sindicalista" había estimado que el salario mínimo se establecería en un nivel 100 por ciento superior al valor vigente hasta entonces.

La firma del Pacto Social no encontró demasiada resistencia en el empresariado. A cambio del congelamiento de los precios –muchas firmas ya habían realizado aumentos preventivos– recibían el compromiso de limitación salarial. Además, la experiencia de los dos años previos les había enseñado que la inestabilidad licuaba las ganancias y confiaron en que el gobierno doblegara la inflación. Las críticas de los sectores liberales por la índole intervencionista del programa de estabilización sólo fueron un ejercicio retórico, la alta inflación heredada del régimen militar reclamaba una solución. La Unión Industrial Argentina –que nucleaba a las empresas mayores, incluidas las firmas multinacionales– la Sociedad Rural y la Cámara Argentina de Comercio dieron su aval al Pacto Social impulsado por Perón.

Obtener el apoyo de los sindicatos, en cambio, fue una tarea más difícil. Perón necesitó de la lealtad del secretario general de la CGT, José Ignacio Rucci, para imponer su autoridad. Los sindicalistas debieron aceptar una política que los privaba de la libertad de negociación, porque no contaban con la fuerza política necesaria dentro del movimiento justicialista para imponer un rumbo distinto a la política económica de corto plazo. Pero, mientras los sindicalistas perdieron su poder de influir sobre los salarios, los empresarios naturalmente conservaron el control sobre una serie de variables económicas cruciales para el plan económico. Podían decidir si invertir o no, aumentar o disminuir la producción, por lo que su margen de maniobra era mucho mayor al que tenían los sindicatos. Esta asimetría de recursos impuesta por la política concertada, muy pronto habría de alterar el rumbo previsto de la economía.[8]

El objetivo de Perón de sentar a los empresarios y a los sindicalistas en la misma mesa se había cumplido. Ya en 1952 y como par-

8. Para un análisis del comportamiento del sindicalismo, véase Torre, Juan Carlos: *Los sindicatos en el gobierno peronista. 1973-1976*, Buenos Aires, CEAL, 1983.

te del giro de la política económica adoptado entonces, Perón había programado un ensayo de concertación económico-social en el que Gelbard había tenido un papel protagónico en su calidad de líder de la CGE. Como entonces, la "creación de un capitalismo de preeminencia social que atempere el sacrificio de los pueblos", piedra de toque de su concepción corporativa del orden –la "comunidad organizada"– con la que había sabido captarse el apoyo sindical, volvía para restablecer el camino de la concordia perdida.

La concertación de la política de ingresos era un componente clave de un programa de reformas entre cuyas medidas figuraban la nacionalización de los depósitos bancarios, la nueva ley de inversiones extranjeras, el control del comercio exterior, una reforma impositiva y una ley agraria. Sin embargo, las medidas reformistas fueron eclipsadas por la política de precios y salarios. La alta tasa de inflación y los efectos de la crisis económica internacional de 1973-1974 contribuyeron a colocar a la política de corto plazo en el centro del debate público. El *boom* de los precios de exportación en 1973, sin embargo, habría de dar un amplio margen de maniobra al gobierno para prologar el crecimiento de la década anterior.

El programa económico del gobierno planteó a los sectores revolucionarios del peronismo una disyuntiva: rechazarlo en bloque, con lo que se enfrentaban a Perón arriesgándose a ser marginados del movimiento, o considerarlo como programa de transición hacia nuevas formas políticas. Optaron por la segunda alternativa y enfatizaron el carácter nacionalista de las reformas. El ERP, que no había aceptado la tregua y continuaba las acciones armadas, afirmó que "el gobierno no podrá dar ningún paso efectivo hacia la liberación nacional y social".[9]

En junio, en un acto en la Federación Argentina de Box, una multitud reunida por la Juventud Peronista había coreado "FAR y Montoneros son nuestros compañeros". Héctor Cámpora se sintió obligado a responder "Vuestros compañeros son también los míos". La cuenta regresiva que habría de terminar en la renuncia de Cámpora, había comenzado. El espíritu conciliador del programa de reformas no se compaginaba con la tónica de la movilización popular tolerada por el gobierno de Cámpora.

9. *Clarín*, 2 de junio de 1973.

Uno de los tantos afiches que convocaban a Ezeiza.

El retorno de Perón, el 20 de junio, y el mensaje que dirigiera a los argentinos el día 21, despejaron la ambigüedad del proyecto con que había regresado al país y afirmaron la convicción de que "estando Perón en el país, nadie puede ser presidente de los argentinos más que él", como se apresuraron a afirmar los sindicalistas. El 20 de julio, casi dos millones de personas esperaron al general en el aeropuerto de Ezeiza. "Yo estaba en el palco fatídico –relata Hugo Alfaro, entonces corresponsal de la revista *Marcha*–, se anunciaba que el avión más esperado del mundo había dejado atrás Brasil y corría hacia la Argentina (...) Con estupor vi que alguien de los servicios de seguridad de la Juventud Peronista empezó de pronto, a nuestro lado, a gritar «Tírense al suelo, el cuerpo a tierra y la cabeza bien baja»(...) levantando apenas la cabeza pude ver por la rendija que separaba los tablones, parte del tumulto que se desarrollaba en los predios próximos al palco (...) sonaron disparos. ¿De dónde partieron las balas? Eso es lo que quedó indiscernible para mí."[10] La fies-

10. Alfaro, Hugo: "Ezeiza: gran lleno y gran vacío", *Marcha*, Montevideo, 30 de junio de 1973, nº 1648, pág. 15.

La vuelta de Perón. Una imagen de la matanza de Ezeiza.

ta se convirtió en tragedia. Los jóvenes que habían coreado "Vamos a hacer la patria peronista, pero la haremos montonera y socialista" regresaron a la capital en silencio. Perón aterrizó en un aeropuerto militar donde lo habían recibido los comandantes de las tres armas. En un breve mensaje televisado, Perón se lamentó con voz cansada "de esa pobre gente" que lo había esperado. Dijo que deseaba "hablar a todos los argentinos, peronistas o no" y anunció que hablaría al día siguiente para explicar las razones de su viaje: razones que la muchedumbre que lo esperó creía que eran indiscutiblemente claras.

El desconcierto era generalizado. Cámpora atribuyó los hechos de violencia a "elementos que están en contra del país y pretendieron distorcionar el acto". Nadie, a excepción de los testigos, podía saber que había sido el combate con el que se inauguraba la fractura sangrienta del peronismo. "El miedo se instaló en la sociedad. El fantasma de la muerte de Perón rondaba desde hacía tiempo, asustando a quienes alguna vez la convocaron" observa Rodolfo Terragno. "Aquéllos que según la expresión de un general retirado hacían política con radiografías... ahora votan por su longevidad. Piensan que la supervivencia del líder ajeno es el único dique capaz de contener temibles desbordes (...) las antiguas esperanzas de muerte y las

136

actuales esperanzas de sobrevida se basan en la creencia inalterada de que Perón es omnipotente respecto de las masas".[11]

En el discurso que pronunció al día siguiente de la "masacre de Ezeiza" el caudillo dijo a los argentinos: "Somos justicialistas, somos lo que las veinte verdades peronistas dicen". Esta circunscripción de su movimiento a las consignas de 1950 tranquilizó a sus adversarios, satisfechos por el pronunciamiento a favor del régimen republicano y su condena al extremismo. "No es gritando 'la Vida por Perón' que se hace patria (...) los viejos peronistas lo sabemos", dijo. Sus palabras suprimieron las esperanzas de la renovación doctrinaria que él mismo había anunciado en sus últimos años de exilio. "Nosotros somos justicialistas. Levantamos una bandera tan distante de uno como de otro de los imperialismos dominantes (...) no hay nuevos rótulos que califiquen a nuestra doctrina. Los que ingenuamente piensan que pueden copar nuestro movimiento o tomar el poder que el pueblo ha reconquistado, se equivocan", advirtió. Con Perón en el país, toda oposición a sus directivas ya no podría invocar su nombre. "Estamos viviendo las consecuencias de una posguerra civil", sentenció y ahora "la revolución debe ser hecha en paz".

La Unión Cívica Radical celebró las palabras del general. El líder de los peronistas proponía volver "al orden legal y constitucional" y propiciaba un amplio acuerdo entre los partidos políticos, ahora reivindicados en lo que habría de denominar una "democracia integrada". Perón ampliaba el modelo de la comunidad organizada para dar cabida en pie de igualdad a los grupos de interés y a los partidos políticos. Quedaba claro que Perón había vuelto para poner en orden al movimiento justicialista desquiciado por falsos peronistas o no peronistas que pretendían controlarlo. Pero ahora estaba él en Argentina y nadie dudaba de sus dotes extraordinarias para conducir a las masas peronistas.

Fue vano el postrer intento del gobierno de tratar de frenar la movilización popular. El "experimento Cámpora" había llegado a su fin. Perón decidió reemplazarlo y comenzó a moverse en varias direcciones. Su acercamiento a las Fuerzas Armadas dejó en claro que Perón volvía con ánimo de conciliación. El general Jorge Carcagno

11. Terragno, Rodolfo: "Para entender a Perón", *Marcha*, Montevideo, 30 de junio de 1973, pág. 23.

había sido designado comandante en jefe del Ejército por Cámpora. La designación de Carcagno, el general de división más joven, había provocado el retiro de los otros ocho de sus pares. Hombres con vínculos familiares que los ligaban al *establishment* económico, de orientación "liberal" en el espectro que oponía a liberales y nacionalistas dentro de la corporación castrense, la mayoría de ellos tenía en común con Lanusse la oposición al peronismo a comienzos de los años '50 y, como él, se habían enrolado en las filas del movimiento Azul en los primeros años de la década del sesenta. Carcagno, un oficial de infantería, como Perón, señalaba el fin de más de una década de predominio de la "camarilla de Caballería". El plan del general Lanusse había fracasado totalmente. Este cambio era una manifestación más del comienzo de una nueva época de reconciliación con las Fuerzas Armadas. Cargano, "el infante que desalojó a los centauros", según la nota que le dedicó a comienzos de agosto *Primera Plana*, "es un profesional humanista que en Córdoba no tuvo temores ni prejuicios y se puso a darle la mano a los villeros. Para cortarle el populismo lo ascendieron al Estado Mayor. Fue una manera de enviarlo a reserva. Lo rescató el justicialismo (...) puede ser y ya se esperan acontecimientos trascendentales, que se convierta en vicepresidente de la República".[12]

El 10 de julio Perón se entrevistó de "soldado a soldado" con el general Carcagno y al día siguiente, lo hizo con los nuevos jefes de la Fuerza Aérea y de la Marina, el brigadier Fautario y el vicealmirante Álvarez, respectivamente. Sin embargo, Carcagno no sobrevivió al cambio presidencial. El "nuevo trato" que Cargano intentó dar al Ejército, la experiencia "coco a codo" con la Juventud Peronista –y su apresurada declaración abogando por la unidad de las Fuerzas Armadas y el pueblo– eran muestras de su voluntad de acomodarse a la nueva situación creada por la victoria de Perón.

El peronismo no se había limitado a organizar a la clase obrera; había sido la alianza entre el Ejército y el pueblo. Perón había fundido en su persona la representación del pueblo y el Ejército unidos.[13] Y había logrado imponer esa fórmula durante sus dos prime-

12. *Primera Plana*, 9 de agosto de 1973.
13. Véase Hernández Arregui, Juan José: *La formación de la conciencia nacional (1930-1960)*, Buenos Aires, Plus Ultra, 3ª ed., 1973, págs. 393-436.

ras presidencias. A partir de 1955, el peronismo nunca dejó de ser la principal preocupación de los militares y por esa razón, el pueblo siempre estuvo presente en sus estrategias, a diferencia de lo ocurrido entre los militares brasileños y chilenos. De este modo, los militares argentinos se vieron siempre obligados a definirse con relación al pueblo peronista: ¿reprimirlo?, ¿cooptarlo?, ¿negociar un acuerdo? Habían ensayado todas esas fórmulas sin éxito. Aun los ideólogos de la doctrina de la Seguridad Nacional, como el general Osiris Villegas, recayeron, por momentos, en la nostalgia de la reconciliación del pueblo con las Fuerzas Armadas. El antiperonismo de las Fuerzas Armadas siempre había ocultado cierta nostalgia por el "Gran Acuerdo Nacional", como bien lo supo registrar el general Lanusse. El retorno del peronismo facilitó el renacimiento de esa nostalgia y le dio una fugaz credibilidad.[14]

Perón no dejó de sorprenderlos. Decidido a asegurar el papel profesional y políticamente prescindente que tenía reservado para las Fuerzas Armadas, nombró un comandante apolítico, el general Anaya, en reemplazo de Carcagno, respetando el escalafón militar. La teoría que pretendía una institución militar consustanciada con el pueblo y al servicio de éste, había sido *aggiornada* por el anciano general.

La reivindicación histórica de los sindicalistas fue la otra tarea emprendida por Perón. La firma del Pacto Social había devuelto a los jefes sindicales a la ortodoxia peronista de la que tantas veces habían renegado en el pasado. El discurso pronunciado por Perón en el local de la CGT dejó en claro que la hora de su reivindicación había llegado. Por primera vez, Perón se pronunció sobre los acontecimientos de Ezeiza: "Lo que ocurrió en Ezeiza –le dijo a toda la dirigencia sindical allí presente– es como para cuestionar ya a la juventud que actuó en ese momento. Esa juventud está cuestionada. Tenemos una juventud maravillosa, pero ¡cuidado con que pueda tomar un camino equivocado! Y ésa es la obligación nuestra, ésa es la tarea". Perón pronunció otra de las frases que habría de ser memorable: "Seamos capaces de realizarlo todo en su medida y armoniosamente. En el futuro, lo que tenemos que hacer es terminar en el

---

14. Véase Villegas, Osiris Guillermo: *Tiempo geopolítico argentino*, Buenos Aires, Pleamar, 1975, pág. 127 y sigs.

país tanto con los apresurados como con los retardatarios". A partir de entonces, los jefes sindicales encabezaron la ofensiva contra la juventud combativa y procuraron con éxito la sanción de una nueva ley de Asociaciones Profesionales que fortalecía sus posiciones. La ley que extendía los mandatos de dos a cuatro años, otorgaba a la CGT poderes de intervención a sus seccionales regionales, a las federaciones y a los sindicatos miembros. Con este instrumento legal, la ya debilitada democracia interna quedaba aun más a merced de los jefes sindicales. Sancionada en el mes de noviembre, la nueva ley permitía neutralizar las rebeliones antiburocráticas que desde el Cordobazo venían desafiando la autoridad de la dirigencia sindical. De este modo, todo se haría "en su medida y armoniosamente".

La mesa directiva de la CGT, ahora fortalecida en su posición dentro del movimiento, se entrevistó con Cámpora. Al salir del despacho, el secretario general, José Rucci, uno de los más fieles seguidores de Perón, dijo a la prensa: "Se acabó la joda", frase que muy bien interpretó el diario *La Opinión* al traducirla como "se acabó el gobierno actual".[15] El 13 de julio Cámpora y Solano Lima presentaron sus renuncias al Congreso. Raúl Lastiri, yerno de López Rega y presidente de la Cámara de Diputados, fue nombrado presidente provisional. El sucesor constitucional, Díaz Bialet, había sido oportunamente enviado al exterior. Bautizada como el "Lastirazo", la maniobra política que forzó a Cámpora y a Solano Lima a renunciar, habría de iniciar el ascenso de los hombres que habían formado parte del círculo íntimo del general durante el exilio. Perón recordó que Cámpora le había advertido que, de llegar a la presidencia, iba a dimitir para que se celebraran nuevas elecciones y el pueblo pudiera expresar libremente quién era el candidato de su preferencia. De ese modo despejaba los rumores de una "revolución palaciega" tramada con éxito por la derecha peronista. Un comunicado de FAR y Montoneros proporcionó un nuevo argumento para saludar la candidatura presidencial de Perón. En él, sostenían que el ascenso de Perón a la presidencia tenía por objeto poner freno a una conspiración gorila impulsada por el imperialismo. La mencionada conspiración hacía referencia a los intentos fallidos por parte de la embajada de Estados Unidos de impedir la sanción de un conjunto

15. *La Opinión*, 17 de julio de 1973.

de leyes económicas que afectaban los intereses de los inversores americanos. Gelbard había publicado la documentación que registraba las presiones ejercidas por el entonces encargado de negocios de la embajada, Marx Krebs y desató un escándalo. *La Opinión* denunció un complot apoyado por la Sociedad Rural, el ERP, el sindicalismo "clasista" y la embajada de los Estados Unidos. Tan contradictorios apoyos eran un síntoma de que la confusión era un buen recurso político, como lo había enseñado el general.[16]

La Juventud Peronista Revolucionaria –la "Tendencia"– lanzó la candidatura de Cámpora a la vicepresidencia, en un vano intento por conservar un espacio en el diseño de poder del líder. La nominación por Perón de su tercera esposa, María Estela Martínez (Isabel), como candidata a la vicepresidencia, sorprendió a muchos; sin embargo, era la solución para un poder que, como gustaba decir Perón, no tenía otro heredero que el pueblo. Con Isabel, el líder mantenía su deliberada ambigüedad estratégica. El 4 de agosto, la fórmula "Juan Perón-Isabel Perón" fue proclamada por el Congreso Nacional del Justicialismo. *Primera Plana*, en una nota de tapa titu-

La fórmula Perón-Perón.

16. Selser, Gregorio: "La historia de los Memorandums Krebs", *La Nación*, Santiago de Chile, 26 de julio de 1973.

lada "Isabel: la militancia y también el mando", destacó las cualidades de la candidata a la vicepresidencia: "En 1966 le bastó un reportaje por LV10 Radio Cuyo y un acto público en la Plaza Godoy Cruz, para desarmar el aparato electoral montado por el peronismo sin Perón en la provincia de Mendoza (...) Su militancia es inobjetable y aunque habla sólo lo necesario, ha demostrado que la política se maneja con hechos concretos y no con especulaciones dialécticas (...) Tampoco es arbitrario, y mucho menos ridículo –como pretenden con habitual técnica de socarronería histriónica los demoliberales– el hecho de que la fórmula presidencial del justicialismo haya sido el matrimonio Perón. El movimiento justicialista consagra de esta manera la vigencia de la pareja militante". Y más adelante concluye: "La fórmula Perón-Perón consagra a la familia peronista (...) Felizmente la vicepresidenta de la República Argentina no es un genio político pues terminaría por parecerse a un varón. Es simplemente una mujer. Pero de notable conducta militante". "¿Qué ocurriría si tuviera que ejercer la presidencia?", se pregunta la nota de tapa. Y responde: "Nada fuera de lo normal (...) Isabelita es también el Movimiento Nacional Justicialista".[17]

La CGT se convirtió en el eje de la nueva campaña electoral y volcó en ella los recursos financieros de su poderosa maquinaria burocrática. Rucci llamó a realizar una campaña de "purificación ideológica contra la infiltración en el movimiento", retomando las palabras que pronunciara su antecesor, Rogelio Coria, en enero de 1973. Los tiempos habían cambiado: entonces, las palabras de Coria provocaron su destitución y poco después, su asesinato engrosaría la lista de muertes punitivas cuya autoría reivindicaron los Montoneros. La misma suerte habría de correr Rucci, poco después.

Las elecciones del 23 de setiembre de 1973 fueron un plebiscito sin sorpresas. Perón fue consagrado presidente con el 62 por ciento de los votos; idéntico resultado al que había alcanzado en 1951, cuando fue reelecto presidente. En aquella ocasión, sin embargo, la manipulación en el diseño de las circunscripciones electorales, habían contribuido a sobredimensionar el triunfo. En seis provincias del noroeste, el desempeño electoral del peronismo se aproximó al 70 por ciento de los sufragios, reiterando el patrón iniciado en 1946.

17. *Primera Plana*, 25 de octubre de 1973.

Una de las numerosas imágenes: el peronismo en la Plaza de Mayo.

2. La tercera presidencia de Perón

El 12 de octubre de 1973, Perón asumió la presidencia. Como en 1946, Perón habría de dedicar sus esfuerzos en los diez meses que le restaban de vida a la tarea de reorganizar el poder del Estado. "El problema argentino es eminentemente político" afirmaba; "Mi tarea principal es poner de acuerdo a los argentinos".[18] Sin embargo, mientras sus adversarios recibían sus mensajes como la promesa de un orden político estable y plural, que habría de poner fin a la violencia, sus seguidores no disimulaban la frustración que les despertaba la vocación conciliadora del líder. Un desafío similar había enfrentado Perón a su llegada al poder en 1946. Pero en 1973, el viejo líder de los peronistas que regresaba tras dieciocho años de exilio, ya no estaba en condiciones de resistir las fatigas que provocaba semejante empresa. Su decisión de poner freno a la radicalización política del peronismo habría de enfrentarlo a nuevos y muy complejos desafíos. Perón no alcanzó a comprender la novedad que encerraba el fenómeno político y cultural representado por la Juventud Peronista, como tampoco lo hizo la clase política argentina. Dos días después de la elección, el asesinato del secretario general de la CGT, José Rucci, fue una prueba contundente de que el camino de la reconciliación estaba sembrado de obstáculos inéditos, a la vez que una macabra advertencia al general de que no estaban dispuestos a dejar la lucha que él había estimulado. "Rucci traidor, a vos te va a pasar lo que le pasó a Vandor", la consigna que habían coreado los Montoneros, fue una profecía cumplida. Habían matado a Rogelio Coria y asesinado a Arturo Mor Roig, el hombre que había sido responsable, junto con Lanusse, del proceso que llevó a las elecciones de 1973 y que no había continuado su actividad política desde los comicios de marzo.

"Gobernar es persuadir", dijo Perón en su mensaje a los gobernadores a poco de asumir la presidencia. "Gobernar no es mandar; ése es el defecto que cometemos muchas veces los militares, que estamos acostumbrados al mando. Mandar es obligar. Gobernar es persuadir. Ésa es nuestra tarea: ir persuadiendo a todos los argenti-

18. Perón, Juan Domingo: *Juan Domingo Perón en la Argentina*, Buenos Aires, Vespa Ediciones, 1974, pág. 95.

nos para que comencemos a patear todos para el mismo arco..."[19]
¿Un nuevo Perón, como muchos lo percibieron entonces?, ¿un falso Perón, como habría de terminar reconociéndolo amargamente la Juventud Peronista? O simplemente, ¿Perón de nuevo?

Desde esta remozada concepción de la política, el Pacto Social trascendía el significado de una política de precios y salarios. "El pacto está hecho de tal manera que es también un pacto político" declaró Perón, por eso "no debe ser roto por ninguna causa". "Los convenios colectivos (...) en un período de abundancia, aseguran la justicia: en un ambiente de miseria, provocan la lucha, que a su vez es negativa para el mejoramiento de todos (...) el Pacto Social es un convenio colectivo al más alto nivel", explicó Perón a los sindicalistas en un mensaje del 14 de diciembre de 1973.[20] El descubrimiento que paulatinamente habían hecho los sindicalistas de que los cambios iniciados en la economía a partir de 1959 eran irreversibles, había inspirado una resistencia más exitosa en la defensa de la organización corporativa que en el nivel de los salarios.[21] Esa resistencia era la defensa de una estructura económica de la que sindicalistas y sectores del empresariado sacaron ventajas y en ella se encuentra la clave del consenso implícito que acercó a la CGT y la CGE, como lo señala Tulio Halperin.[22] El retorno de Perón al poder era la garantía para atenuar el impacto de esas transformaciones sobre los salarios y, a la vez, la seguridad de consolidar su lugar entre los factores de poder.

El Pacto Social venía a reconstruir un sistema político en el que los partidos y no sólo las organizaciones de interés, tendrían cabida; una alternativa amenazadora para los jefes sindicales acostumbrados al monopolio de la representación política del peronismo. Ésa era la idea de la democracia integrada que trajo Perón a su gobierno. Sin

19. "Mensaje de Perón a los gobernadores", 2 de agosto de 1973, en Perón, Juan D., ob. cit., pág. 224.

20. Perón, Juan D., ob. cit., pág. 224.

21. La industria de los salarios en alza fue la anterior a Frondizi, no la industria grande que se desarrolló en la década del sesenta. Véase Canitrot, Adolfo: "La viabilidad económica de la democracia: un análisis de la experiencia peronista 1973-1976", en *Estudios Sociales*, n° 11, mayo de 1978.

22. Halperin Donghi, T.: *La larga agonía de la Argentina peronista*, ob. cit., págs. 87-88.

abandonar su concepción de las organizaciones de interés como factores de poder, la novedad de la democracia que propiciaba era la incorporación de "todas las fuerzas sociales que se coloquen dentro de la ley y accionen dentro de ésta, no importa cómo se denominen (Partido Comunista, ERP, etc.)".[23] Perón sostenía que a la guerrilla no puede combatírsela con la guerrilla y que era preciso vencerla políticamente. No se equivocaba, sólo que no logró persuadir a sus seguidores del camino pacífico por él elegido. Por otra vuelta de tuerca de la historia, sus palabras evocaban las que el ministro del Interior del gobierno de Illia, Juan S. Palmero, pronunciara en ocasión de la interpelación parlamentaria del 20 de agosto de 1965. Entonces, Palmero sostenía: "Al comunismo se lo combate con las armas de la ley, a través de la justicia".[24] Pero en 1965, esas palabras fueron interpretadas por la clase política y por los militares como una muestra más de la incompetencia del gobierno. "Lo que nosotros queremos –Perón dirá a los dirigentes políticos– es el entendimiento, ya que de luchas estamos cansados (...) ¿para qué seguir luchando por pavadas? Y en realidad, eso es lo que hemos estado haciendo hasta ahora."[25] En esa frase, Perón resumió su diagnóstico de las luchas desatadas por las pasiones de los argentinos: la intensidad de los conflictos sociales no era el problema, el problema había sido la incapacidad del sistema político para encauzarlos. Por eso, les dijo que su deseo era que "seamos todos hombres de gobierno". Había que crear una cultura política que superara las viejas antinomias. "Somos un país politizado, pero sin cultura política."[26]

El antiguo lema "para un peronista no hay nada mejor que otro peronista" fue reemplazado por la nueva consigna "para un argentino no hay nada mejor que otro argentino". Su bagaje ideológico se renovaba para llevar a cabo la tarea política, que ahora, como en el pasado, se sentía llamado a realizar: crear un orden social. Esa empresa habría de conservar el carácter de aventura personal que tuvo durante sus dos primeras presidencias. "Creo que tanto lo político,

23. Ibíd, pág. 60.
24. Cámara de Diputados de la Nación, *Diario de Sesiones*, año 1965, tomo IV, pág. 2361.
25. Ibíd, pág. 208.
26. Perón, Juan D., ob. cit., pág. 54.

como lo social, lo económico y lo cultural, son asuntos de conducción (...) conducir es un arte y como todas las artes, tiene una teoría y una técnica, pero ésa es la parte inerte, porque la parte vital es el artista."[27] La conducción, término de origen militar, era para él un arte, y así la había caracterizado desde su llegada al poder en 1946. "El conductor nace, no se hace", decía. Y, como observa José Luis Romero, al mismo tiempo negaba a las masas la posibilidad de conducirse a sí mismas. "Cuando la masa no tiene sentido de la conducción y uno la deja de la mano, no es capaz de seguir sola y produce los grandes cataclismos políticos", expresaba en 1951. Esta concepción, que José Luis Romero caracterizó como " ideología del Estado Mayor" exigía un puente entre las masas y el genio del conductor. Ese puente era para Perón el "pueblo" –la masa encuadrada en grandes organizaciones– que se ofrecía a las artes del conductor, apoyado en su tarea por los "cuadros" dirigentes intermedios.[28] Desde esta teoría de la política, la alternancia en el gobierno, clave de toda democracia, antes que una alternativa teórica y políticamente factible, aparece como un fracaso del artista. No es extraña entonces la decisión de Perón de que su único heredero sea el pueblo, como tampoco lo es la reforma constitucional llevada a cabo durante 1949 en la que se estableció el mandato presidencial *sine die*. El problema de la sucesión no encuentra respuesta. Perón logró eludirlo hacia el final de sus días, nombrando a su esposa como acompañante de la fórmula que lo habría de llevar nuevamente a la presidencia. Pero al hacerlo, legó al peronismo un problema que habría de convertirse en el talón de Aquiles del régimen político. Todavía hoy, mientras se escriben estas páginas, el peronismo se debate en una lucha encarnizada para resolver la sucesión del presidente Menem. El hábil conductor, una circunstancia que se presume providencial, sólo puede heredarse a sí mismo.

Ensanchada esta visión del pueblo por la inclusión de los partidos políticos, la suerte de la democracia integrada que proponía Perón seguía atada a la de su conductor. Pero la sociedad que entre 1969 y 1973 sufrió y toleró la aberración de violencia como una for-

27. Ibíd., pág. 118.
28. Romero, José Luis: *Las ideas políticas en Argentina*, Buenos Aires, Fondo de Cultura Económica, 4ª ed., 1969, págs. 253-254.

ma más de la acción política, no era la que el anciano líder pudo modelar como arcilla entre sus manos. Perón no alcanzó a medir la radical intransigencia, el rechazo de toda conciliación y la impugnación del orden existente, que albergaban las "formaciones especiales" que él mismo contribuyó a crear.

Del gabinete que había acompañado a Cámpora sólo permanecieron en sus cargos López Rega , José Gelbard y Jorge Taiana. Los lugares vacantes fueron otorgados a políticos confiables de la vieja guardia peronista. El ex vicepresidente, Vicente Solano Lima, sustituyó a Rodolfo Puiggrós en la Universidad de Buenos Aires. Esta designación era el reflejo de la decisión de Perón de moverse con cautela en un territorio en el que los Montoneros habían asentado su predominio. Ésta, sin embargo, no habría de ser la estrategia adoptada después de su muerte por sus sucesores. La sustitución de Jorge Taiana por el fascista octogenario Oscar Ivanisevich en el Ministerio de Educación, y el nombramiento de Alberto Ottalagano en el Rectorado de la Universidad de Buenos Aires, iniciaron una tarea de "purificación" que obligó a huir a varias decenas de profesores para escapar de la muerte segura. También el Consejo Superior del Movimiento fue purgado de sus elementos izquierdistas. Juan Abal Medina fue destituido de su cargo de secretario general y la calle dejó de ser el ámbito natural de las manifestaciones de la juventud. Sólo podrían reunirse en locales cerrados. Lorenzo Miguel, secretario de la poderosa Unión Obrera Metalúrgica, había sido incorporado en el mes de agosto en representación de las 62 Organizaciones, en lo que habría de ser un hito más en su extensa y exitosa carrera política.

El ataque del ERP al cuartel del Ejército en la localidad de Azul, en enero de 1974, conmovió al país. Era un desafío para el gobierno, pero sobre todo, representaba un cambio de objetivo de la guerrilla: los militares pasaron a convertirse en su blanco privilegiado. Perón advirtió el peligro y su respuesta no se hizo esperar: "Ya no se trata sólo de un grupo de delincuentes, sino de un grupo organizado, que actuando con objetivos y dirección foráneos, ataca al Estado y a sus instituciones como medio de quebrantar la unidad del pueblo argentino y provocar un caos que impida la reconstrucción y la liberación en que estamos empeñados (...) El aniquilar cuanto antes a este terrorismo criminal es una tarea que compete a todos los que anhelamos una patria justa, libre y soberana".[29] Las reformas al Código Penal introdujeron para las actividades guerrilleras penas más severas que las existentes bajo el régimen militar y permitieron la represión de las huelgas consideradas ilegales. Acorde con la ley antisubversiva, la tenencia de armas podía implicar una sentencia más dura que el asesinato. Sin embargo, los Montoneros no fueron proscriptos. Perón prefirió marcar las diferencias ideológicas que lo separaban de la violencia insurreccional. ¿Confiaba en su capacidad de persuadirlos? ¿Era parte de una estrategia destinada a aniquilarlos en el momento oportuno? "La oposición –se quejó– respondiendo a un profundo sentido nacional y patriótico, ha colaborado permanentemente en la tarea constructiva (...) No puedo decir, lamentablemente, lo mismo del oficialismo, donde se han producido problemas internos que no pueden ser sino negativos para la amplia responsabilidad que hemos recibido." Perón exhortó a la juventud a reconsiderar la capacidad de sus dirigentes y a reconocer que las luchas han terminado en sus formas más cruentas. "Han elegido un gobierno –les dijo– y espero que haya sido para obedecerlo y cumplir sus designios doctrinarios e ideológicos (...) Para los que puedan pensar que su lealtad a la república puede ser aleatoria, bajo mi responsabilidad puedo afirmarles lo contrario, las Fuerzas Armadas son y serán un puntal de la institucionalización nacional."[30] Pocos días después, les advirtió " Para pelear, si hay que pelear, yo decreto la movilización y esto se acaba rápidamente; convocamos a todos para pelear y van a pelear organizadamente, uniformados y con las armas de la Nación". Sus palabras finales fueron una invitación a abandonar el justicialismo a todos aquellos que no estuvieran dispuestos a obedecer al gobierno y se colocaran fuera de la ley.[31] Dardo Cabo le respondió desde las páginas de *El Descamisado*, "¿Por qué no nos dijeron antes, cuando peleábamos contra Lanusse, que teníamos que unirnos a otro partido? ¡Nadie tiene el de-

29. Véase el mensaje de Perón en *La Opinión*, Buenos Aires, 22 de enero de 1974. El editorial de *El Descamisado*, semanario político de los Montoneros, firmado por Dardo Cabo, se preguntaba: "¿Cómo y de quién nos defendemos? ¿De los traidores que merodean a su lado, de los matones que todo lo arreglan a tiros, del ERP, del imperialismo, de quién?".

30. *La Opinión*, 5 de febrero de 1974.

31. Ibíd., 8 de febrero de 1974.

recho de echarnos, nadie puede despedirnos!"[32] *El Descamisado* y *Militancia* fueron clausurados en el mes de abril. Perón dedicó sus debilitadas energías a la tarea de adoctrinamiento de la Juventud. Todas las revoluciones, afirmaba, pasan por cuatro etapas: la primera es de adoctrinamiento, la segunda consiste en la toma del poder, la tercera es dogmática y la cuarta es de consolidación. No se puede vivir en la revolución permanente, les dijo. Los Montoneros revivieron la "teoría del cerco" para explicar el fracaso del diálogo entre Perón y el pueblo del que se sentían los representantes.

Perón dejó en claro que había que poner fin a los problemas internos y anunció la reestructuración de los equipos de gobierno. "Éstos serán homogéneos y capaces, desterrando de una vez por todas las discrepancias."[33] Varios gobernadores provinciales habían prestado su apoyo, con frecuencia vacilante, a la izquierda peronista. Entre ellos, se destacaban Oscar Bidegain, en Buenos Aires; Ricardo Obregón Cano, en Córdoba; Alberto Martínez Baca, en Mendoza; Jorge Cepernic, en Santa Cruz y Miguel Ragone, en Salta. Obregón Cano y Cepernic eran los más próximos a la izquierda; entre los restantes, el acercamiento a la tendencia montonera había obedecido en muchos casos a su carencia de bases de apoyo dentro del justicialismo. En enero, el reemplazo de Bidegain por Victorio Calabró –una figura de peso en el sindicalismo– había sido el primer paso de la estrategia anunciada por Perón. En el mes de marzo, le tocó el turno a Obregón Cano, defenestrado por un golpe policial de inspiración fascista.[34] El vicegobernador, Atilio López, habría de ser asesinado poco después por los Escuadrones de la Muerte de la triple A (Alianza Anticomunista Argentina) organizados por López Rega desde el Ministerio de Bienestar Social.

32. *El Descamisado*, n° 39, 12 de febrero de 1974.

33. Mensaje del 4 de febrero de 1974.

34. El triunfo de la fórmula Ricardo Obregón Cano-Atilio López, en la segunda vuelta de los comicios de septiembre de 1973 para la elección de gobernadores en Córdoba, había sido logrado con el apoyo de los votos de la izquierda, pero también de los muchos más numerosos sufragios provenientes de partidos conservadores o antiperonistas. El hecho de que Atilio López, dirigente del sindicato del transporte público, fuera uno de los líderes del Cordobazo de mayo de 1969 no ahuyentó los votos de esos sectores, como se esperaba. Votando al peronismo duro acaso hayan manifestado su hostilidad federalista a un régimen cuya centralización los había asfixiado.

El Peronista, *publicación partidaria*
que convocaba a la plaza el 1º de mayo.

El 1º de Mayo, la fiesta de los trabajadores fue el escenario del enfrentamiento entre Perón y la izquierda montonera. La Plaza de Mayo se pobló con estandartes y banderas argentinas con el nombre Montoneros. Sus portadores silbaron a Isabel, cuando ésta coronó a la "Reina del trabajo," siguiendo una ceremonia tradicional en la liturgia peronista. "No queremos carnaval –coreaban–, asamblea popular"; "Si Evita viviera, sería montonera". Con el redoblar de los bombos leyeron el nombre de todos los peronistas desaparecidos, seguido del grito: "Presentes". Cuando Perón se acercó al micrófono, lo increparon con la pregunta: "¿Qué pasa, qué pasa general, que está lleno de gorilas el gobierno popular?" Perón perdió su habitual calma y trocó el discurso de unidad nacional por una declaración de guerra. Los acusó de "imberbes", "idiotas útiles", "mercenarios al servicio del extranjero". "Pese a estos estúpidos que gritan –les dijo– durante veintiún años las organizaciones sindicales se han mantenido incólumes, y hoy resulta que algunos imberbes pretenden tener más méritos que los que trabajaron durante veinte años", e invocó la necesidad de recurrir a una guerra interna "si estos malvados no cejan".[35] Pero los "malvados" se retira-

35. *La Opinión*, 2 de mayo de 1974.

151

ron de la Plaza de mayo antes de que Perón finalizara su diatriba, dejando dos tercios de la plaza vacío al tiempo que coreaban "Aserrín, aserrán, es el pueblo el que se va". El 24 de mayo, la rama juvenil del Movimiento fue excluida del Consejo Superior del Justicialismo. El general Anaya, haciéndose eco del discurso de Perón, declaró que las Fuerzas Armadas, subordinadas al poder político, estaban dispuestas a librar la batalla contra la subversión.[36] La teoría del "profesionalismo prescindente", esgrimida por Perón, ofrecía a las Fuerzas Armadas la oportunidad de escapar del equívoco en que se habían enredado en el pasado: su declarado apoliticismo y su afirmación del derecho de la institución a decidir los destinos del país. La actualización de la doctrina de "la Nación en Armas", clave en el repertorio de ideas que inspiraran a Perón desde su llegada al poder en 1946, vino a legitimar la intervención militar en los conflictos internos como condición para asegurar la eficacia del gobierno.[37]

Ese mismo día, Perón había presentado ante el Congreso su mensaje a los argentinos, pero el país estaba lejos de aproximarse al estado de armonía social que el líder predicada, como tuvo oportunidad de comprobarlo poco después en la Plaza de Mayo, escenario de su ruptura con la juventud radicalizada. Lo que en ese discurso denominó el "Modelo Argentino", colocaba a la democracia plena de justicia social, basada en pactos sectoriales y políticos, como fundamento de una república ensanchada gracias a la amplitud de los consensos políticos y sociales, y como instrumento de la reconstrucción del Estado maltrecho. "El Estado –dijo Perón– al fin y al cabo es un instrumento que obedece a los factores de poder que influencian en el campo de nuestra economía, en cuyo primer plano están indudablemente, los empresarios y los trabajadores", reconociendo la debilidad del Estado cautivo de las presiones sectoriales que heredaba. Por eso postuló la necesidad de crear un Estado de preeminencia social, en el que "la ganancia es legítima, el secreto es que no

36. *La Opinión*, 30 de mayo de 1974. En ese mes la Policía y el Ejército llevaron a cabo un gran operativo contra el ERP en la provincia de Tucumán.
37. Véase una exposición de la doctrina de Perón acerca de "la Nación en Armas" en el discurso que pronunciara en la Base Naval de Puerto Belgrano, en Juan D. Perón, ob. cit., pág. 175 y sigs.

sea abusiva", porque "el fin de la riqueza es el bienestar de todos". Esa tarea implicaba reivindicar el lugar de los partidos en el sistema político. "El ciudadano como tal se expresa a través de los partidos políticos cuyo eficiente funcionamiento ha dado a este recinto su capacidad de elaborar historia", afirmó el general.

Su modelo político para la Argentina era también una propuesta a los países del Tercer Mundo, a cuyo liderazgo continuó aspirando. La democracia integrada abriría el camino para la integración regional en una comunidad económica que habría de dar a estos países capacidad de decisión suficiente para evitar los males que aquejaban al capitalismo avanzado.

El modelo que traía tras casi dos décadas de exilio encerraba las claves de una ideología simple y exigua, que en el pasado había sido el instrumento de lo que Perón consideraba un gobierno eficaz. Sólo que ahora esa visión de la eficacia que lo había hecho admirador de Mussolini, y convocado el apoyo de los nacionalistas argentinos que compartían esa admiración por Il Duce, incorporaba la experiencia de la Europa de la posguerra. Sin embargo, los que no tenían cabida en el marco de la democracia integrada, habrían de ser aniquilados. De este modo, Perón abre la puerta por la que se ingresa al siniestro camino del terror que José López Rega ya estaba recorriendo desde el Ministerio de Bienestar Social.

Mientras Perón tejía la urdimbre de la trama con que esperaba recrear el orden perdido, los hilos comenzaban a escapar de sus manos. Ya en marzo de 1974, el deterioro de los apoyos al Pacto Social era indisimulable. La unanimidad de los argentinos que Perón declamaba no podía ocultar el hecho de que ésta no existía. El éxito inicial de las políticas de Gelbard se desdibujaba. El Pacto Social había provocado, en sus comienzos, un cambio impresionante en las expectativas. Entre julio y diciembre de 1973, el costo de vida sólo subió un 4 por ciento, mientras que en los primeros cinco meses del año siguiente, había aumentado alrededor del 37 por ciento. Hacia fin de año, el gobierno pudo proclamar la "inflación cero". El PBI creció 4,5 por ciento, revirtiendo la tendencia declinante desde el pico del 8,5 por ciento alcanzado en 1969. A fines de 1973 el balance comercial era un 30 por ciento superior al de 1972, debido a que la mayor demanda de importaciones pesó menos que el aluvión de divisas conseguido gracias a los altos niveles de los precios internacionales y la producción de bienes exportables. Pero fue en el sector externo donde surgieron los primeros signos negativos que ensombrecieron el panorama optimista. Hacia fin de año comenzaron a sentirse los efectos del incremento de los precios del petróleo, provocando el aumento de los precios de los insumos importados y el consiguiente incremento de los costos de las empresas. Algunas firmas interrumpieron o disminuyeron su producción, pero todas reclamaron libertad para trasladar esos incrementos a los precios. La negativa de los sindicalistas a convalidar un aumento de precios sin un simultáneo aumento salarial, llevó a Perón, después de varias marchas y contramarchas, a decidir la importación a precios subsidiados por el Estado de los insumos críticos. Las reservas acumuladas hicieron posible esta medida, pero al mismo tiempo pusieron de manifiesto las nuevas dificultades que enfrentaba la política económica de precios y salarios. El déficit presupuestario habría de superar en 1974 en un 43,2 por ciento, a precios constantes, al de 1973.[38]

El descontento de los sindicalistas, a los que el Pacto Social había congelado su poder de presión institucional, creció alimentado por el estado de movilización de los trabajadores que la instalación del gobierno peronista no había podido detener. Por el contrario, los conflictos se multiplicaron a nivel de empresas alrededor de la equiparación de los estatutos, la reclasificación de las tareas, los premios a la producción. Esas reivindicaciones aparecían a menudo ligadas al cuestionamiento de las representaciones sindicales. El recurso a la acción directa por parte de los trabajadores –tomas de fábrica, a menudo con rehenes, trabajo a reglamento, paros activos, etc.– reflejaba un verdadero estado de rebelión de las bases obreras. El conflicto en la planta de Acindar, empresa productora de acero, en Villa Constitución, el más espectacular de los ocurridos en ese período, mostró nuevas formas de presión a las que se veía sometida la CGT, incapaz de dar cauce al malestar que reinaba en las fábricas, simultáneamente hostigada por las corrientes de izquierda que aumentaban su influencia en ese clima propicio. En marzo de 1974, ante el despido de cuatro miembros de la comisión interna y siete delegados, los obreros decidieron en asamblea la ocupación de la planta y reclamaron la

38. Véase Gerchunoff, P. y Llach, L.: *El ciclo de la ilusión y el desencanto*, ob. cit., pág. 342-347.

reincorporación de los despedidos, la normalización de la seccional local de la UOM –intervenida desde hacía cuatro años– y el mejoramiento de las condiciones de trabajo. La intervención declaró caduco el mandato de la comisión interna y sus miembros fueron expulsados del sindicato. Otras plantas metalúrgicas primero, y prácticamente todos los trabajadores de la ciudad después, se plegaron al paro de los obreros de Acindar. El conflicto se resolvió con la intervención del ministro de Trabajo, quien emplazó a la empresa y al sindicato a satisfacer las demandas de los trabajadores.

Desde la firma del Pacto Social en junio de 1973, a febrero de 1974, los salarios reales habían caído un 7 por ciento, un descenso moderado que acompañó el lento pero positivo movimiento de los precios. Sin embargo, a principios de 1974, la confianza en el Pacto Social comenzó a decrecer. El desabastecimiento en ciertos productos y el creciente mercado negro, restaban crédito a la interpretación del gobierno de que la producción no daba abasto debido al crecimiento de la demanda. A las presiones de los empresarios, se sumó la actividad de las comisiones internas que, mediante el artificio de la reclasificación de las tareas o el incremento de los premios por productividad, lograban obtener aumentos salariales encubiertos. El recurso a la emisión monetaria para asistir a un déficit fiscal superior al 6 por ciento del PBI, sólo permitía ganar tiempo al gobierno y postergar opciones ineludibles en el futuro. La economía pasó a una etapa de "recalentamiento" inflacionario: mientras los índices de la actividad fueron excepcionales –6,7 por ciento de crecimiento del PBI y un desempleo del 2,5 por ciento– la inflación alcanzó el 40 por ciento de principios a finales del año.

En marzo de 1974, bajo la presión de la movilización obrera, el gobierno convocó a una Gran Paritaria. Como no se pudo llegar a un acuerdo aceptable para las partes, Perón actuó como mediador y anunció un aumento promedio del 13 por ciento en el salario básico, cuya vigencia se extendería hasta junio de 1975. Los empresarios, por su parte, quedaban autorizados a aumentar los precios de acuerdo con los montos que establecería el Ministerio de Economía. Cuando en abril fueron anunciados los nuevos niveles de precios, con un margen de beneficio inferior al que pretendían los empresarios, éstos optaron por desconocer el compromiso y continuaron trasladando los aumentos a los precios. El laudo del 28 de marzo había debilitado la ya declinante voluntad de concertación del empresariado y en lugar de resistir las demandas obreras, prefirieron aceptarlas para luego desconocerlas en la práctica. Las mejoras salariales rápidamente se esfumaron. Los directivos de la CGT se entrevistaron con Perón en los primeros días de junio en busca de alguna reacción que aliviase la presión de las bases a la que estaban sometidos. Esa entrevista, que habría de ser la última, dejó en claro la brecha que existía entre el discurso oficial –Perón había presentado un mes antes sus ideas sobre el modelo político para la Argentina ante el Congreso– y el comportamiento de las fuerzas sociales. Perón optó por ganar tiempo y otorgar medio aguinaldo adicional. La puja por el ingreso siguió impulsando la inflación contenida. La decisión de la Comunidad Económica Europea, en julio de 1974, de cerrar las puertas a las carnes argentinas –medida que afectó al 70 por ciento del comercio internacional de carnes– vino a complicar el ya difícil panorama económico. Con el precio del dólar fijo, la suba del valor de los productos extranjeros no fue suficiente para contraer su demanda.

La última aparición pública de Perón, un mes antes de su muerte, fue la más dramática. El 12 de junio, el líder salió al balcón de la Casa Rosada y desde allí, ante una multitud reunida a último momento, amenazó con renunciar "...sin el apoyo masivo de los que me eligieron y la complacencia de los que no lo hicieron pero evidenciaron una gran compresión y sentido de la responsabilidad, no sólo no deseo seguir gobernando sino que soy partidario de que lo hagan los que puedan hacerlo mejor". Su mensaje era una queja amarga a todos los argentinos, pero su destinatario directo eran los jefes sindicales. "Como ustedes saben –recordó– nosotros propiciamos que el acuerdo entre trabajadores, empresarios y el Estado sirva de base para la política económica y social del gobierno (...) Todos los que firmaron en dos oportunidades ese acuerdo sabían también que iban a ceder parte de sus pretensiones, como contribución al proceso de liberación nacional. Sin embargo, a pocos meses de firmar ese compromiso pareciera que algunos firmantes están empeñados en no cumplir el acuerdo (...) Frente a esos irresponsables, sean empresarios o sindicalistas, creo que es mi deber pedirle al pueblo no sólo que los identifique, sino también que los castigue (...) nadie puede llamarse a engaño sobre lo que yo quería, porque en numerosas oportunidades vine anunciando mis intenciones y deseos en actos públicos en la patria, como en comunicaciones desde el exilio."[39]

Perón sorprendió a todos. Pero éste fue su último intento de hacer valer su liderazgo carismático para recuperar la iniciativa de un proceso que había escapado ya de su control. Perón murió el 1° de julio, víctima de un ataque cardíaco, provocado por una pulmonía, a los 78 años. Ya sin mediador, la lucha entre las dos vertientes que confluyeron en el retorno del peronismo –a las que Perón había tratado de manejar con sus dos manos, como gustaba decir– habría de ocupar el centro de la escena, dejando en un cono de sombra el conflicto entre el capital y el trabajo. Perón había sido consciente de que la formidable mayoría electoral que lo condujo al poder en 1973, no era suficiente para protegerlo de las presiones de una oposición, políticamente derrotada, pero alerta desde sus posiciones de poder en el mundo de los negocios y en las jerarquías militares. Por eso tejió los acuerdos sociales y políticos con los que esperaba consolidar su autoridad. Con la desaparición de Perón, surgieron fundadas dudas de que sus sucesores lograran llevar a cabo los objetivos de reconciliación política y cooperación social que defendía el líder de los peronistas; no sólo porque las cualidades carismáticas de Perón eran, sin duda, intransferibles, sino porque ni Isabel Perón ni su "entorno" –como se denominara al grupo de asesores pertenecientes al círculo íntimo del general– ni los jefes sindicales, se mostraron dispuestos a transitar la ruta trazada por el anciano general.

La muerte de Perón impidió que los Montoneros rectificaran sus ilusiones sobre el líder. Si Perón vivo había estado "ausente", Perón muerto habría de estar, como Evita, "presente". Este razonamiento les permitió proclamarse legítimos herederos del general emblemático del pasado peronista, sin tener que revisar su proyecto político. A partir de entonces, la instrumentación política de la violencia, condensada en la consiga "Perón o Muerte" sólo dejó la alternativa de la muerte. La creciente militarización de los Montoneros –que no pedían de las masas otra actividad que el aplauso, como observa Gillespie– abrió una enorme brecha entre éstos y las luchas de los obreros industriales, incluida la de aquellos militantes que defendían las banderas montoneras.

39. *La Razón*, 12 de junio de 1974.

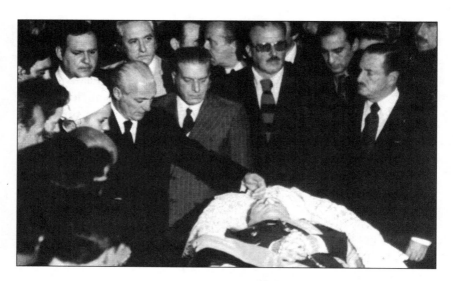

*Dos imágenes del sepelio del
presidente J. D. Perón en el
Congreso Nacional,
el 2 de julio de 1974.*

En medio del sentimiento de vacío que dejaba la desaparición física de Perón, el doctor Balbín despidió sus restos morales refiriéndose a él como a un viejo amigo y señalando a Isabel que "los partidos políticos estarán a su lado en nombre de su esposo muerto, para servir a la permanencia de las instituciones argentinas que usted simboliza en esta hora".[40] A partir de entonces, el único sostén de Isabel, fuera de los jefes sindicales y su entorno, habría de ser el fantasma de "Isabel o el caos", una encrucijada que la presidenta no dudó en utilizar en su provecho, pero que se mostró insuficiente para contener los conflictos desatados por el sectarismo y la miopía de su gestión.

3. Tiempo de violencia

María Estela Martínez de Perón llegó a la presidencia en calidad de heredera de un movimiento político en cuya agitada historia no había participado; su único mérito era portar el apellido del líder desaparecido. Había conocido a Perón durante los tiempos de su exilio en Panamá, en el curso de una gira artística. Desde entonces fue su compañera y se casó con él en Madrid, en 1961. En 1965, el general la envió a Argentina para neutralizar la acción de Vandor, y de esa visita data, según afirman distintas fuentes, su relación con José López Rega, quien habría de convertirse en la figura clave y la más controvertida del nuevo gobierno. Ignorando la debilidad de su origen, Isabel y sus asesores, inspirados por el sectarismo y la intolerancia, se dedicaron a desmantelar el ya maltrecho equilibrio diseñado por Perón y a proclamar que había llegado "la hora del peronismo". La simetría entre estrategia de la presidenta, inspirada por el círculo de sus asesores, y la de los Montoneros –ambos dispuestos a utilizar la violencia para imponer el rumbo de un proceso que tras la desaparición de Perón, parecía ya marchar a la deriva– terminó desdibujando a los protagonistas centrales del conflicto que había llevado al dramático discurso del general, el 12 de junio.

40. Citado en Kandel, Pablo y Monteverde, Mario: *Entorno y caída*, Buenos Aires, Planeta, 1976, pág. 9.

Isabel, desde los balcones de la Casa Rosada ofreció la primera muestra de lo que sería su estilo de gobernar: "Tengo dos brazos y en una mano a Perón y en la otra a Eva Perón, Perón y Eva sacrificaron sus vidas en aras y por amor al pueblo (...) Como alumna de Perón cumpliré fielmente su doctrina, caiga quien caiga y cueste lo que cueste".

En las pacíficas semanas que siguieron a la muerte de Perón, surgieron los primeros indicios de la tormenta que sacudiría al gobierno. Uno de esos indicios lo proporcionó el congreso realizado por la CGT para renovar a sus dirigentes. En ese congreso habría de dirimirse el conflicto entre los sindicalistas "blandos", que sostenían que el sindicalismo, una rama más del movimiento justicialista, debía someterse al plan del gobierno, y los "duros", que defendían la idea contraria de que debían de comportarse con la autonomía de un grupo de presión, retomando los lineamientos de la estrategia

María Estela Martínez de Perón, presidenta de los argentinos.

160

identificada con Vandor en los años '60. Adelino Romero, líder de la Asociación Obrera Textil, fiel a la posición de los "blandos", fue reelecto en su cargo de secretario general de la CGT.[41] Sin embargo, el consejo directivo quedó integrado por los sindicalistas de la línea "dura", representada por las 62 Organizaciones, con Lorenzo Miguel a la cabeza. La súbita muerte de Adelino Romero, dirigente de la poderosa AOT, permitió a Lorenzo Miguel ganar terreno e imponer su línea. La nueva cúpula sindical se dispuso a renegociar su cuota de poder en el nuevo gobierno, con el bagaje de una larga experiencia que les había enseñado a sacar partido de la adversidad, gracias a su capacidad de actuar simultáneamente en el terreno social y en el político. En lo inmediato, la estrategia de los jefes sindicales convergió con los afanes de Isabel y sus asesores por peronizar al gabinete. El primer blanco fue el ministro Gelbard. La CGT retiró el aval que había otorgado al anteproyecto de ley agraria, pese a que ésta era una pieza clave del programa reformista levantado junto con la CGE. Que ésta haya sido su opción revela la carrera desenfrenada que se había desatado por el control del poder dentro del gobierno. El poder de presión política del movimiento sindical se acomodó a ese objetivo.

La política de Gelbard se proponía utilizar el raro privilegio de contar con una burguesía agraria capaz de ofrecer una producción competitiva en el mercado mundial. El impuesto a la renta normal potencial, en las condiciones internacionales favorables de aumento del volumen y del precio de las exportaciones agropecuarias, permitiría al gobierno obtener recursos sin un ataque frontal a los intereses de los poderosos terratenientes de la pampa húmeda. No atacaba la propiedad ni afectaba severamente los ingresos del sector, por otra parte menos perjudicado que el sector industrial por el peso de los aumentos en los costos laborales. La inicial resistencia de la Sociedad Rural Argentina se trocó en una aceptación resignada, cuando en agosto de 1973 firmó el Acta de Compromiso Agropecuario Nacional, una negociación que atenuó los lineamientos del proyecto original. Entonces, pareció cercana la realización de un progra-

41. En julio de 1970 se había llevado a cabo el Congreso de la Unidad en el que Rucci fuera designado secretario general.

161

ma agrario reformista, alentador del desarrollo de formas de explotación intensivas de la tierra. Sin embargo, la Confederación de Asociaciones Rurales de Buenos Aires y La Pampa (CARBAP), organización gremial del sector más poderoso, no avaló el compromiso. Optó por ganar tiempo. Llegado el momento, habrían de lograr postergaciones a la aplicación del impuesto, rebaja de tasas y, en los hechos, lo harían impracticable. Mientras tanto, contaban con la gran capacidad de maniobra frente a las medidas oficiales a la que siempre habían recurrido. Podrían poner en práctica la política clásica de "retención de vientres", una medida defensiva con graves implicaciones ya que afectaría el nivel del salario real –el peso de la carne en el índice de costo de vida alcanzaba entonces al 22 por ciento–, o bien reducir las exportaciones.

La pequeña y mediana burguesía agraria –los "chacareros" ricos y medios, nucleados en la Federación Agraria Argentina (FAA), afiliada a la CGE– apoyaban la política de Gelbard. Sin embargo, se cuidaron de movilizar a sus afiliados para defender al equipo económico que mantenía niveles de precios agrícolas y ganaderos por debajo de las expectativas de sus adherentes. Un comportamiento similar siguieron las asociaciones de agricultores medianos y pequeños, como las Ligas Agrarias y la Unión de Productores Agropecuarios de la República Argentina.

Los propietarios rurales lograron imponer sus intereses, como lo habían hecho durante la gestión de Krieger Vasena al bloquear el proyecto de impuesto a la renta potencial que el ministro intentó en vano imponer; sólo que en esta segunda ocasión contaron con inesperados aliados. La apuesta de los jefes sindicales esperaba ser recompensada por el gobierno: solicitaron a Isabel la renegociación del Pacto Social. Cuando la presidente anunció el 17 de octubre la convocatoria de las comisiones que discutirían los salarios y las condiciones de trabajo, no le quedó a Gelbard otra alternativa que alejarse del cargo. En su carta de renuncia expresó: "Hemos entrado en una etapa en la cual las circunstancias y las definiciones políticas han adquirido una relevante significación. Estas definiciones deben ser siempre facilitadas por quienes abrazamos la causa de la unidad nacional por la reconstrucción y la liberalización. Es por ello que he llegado a la íntima convicción de que sirvo mejor al proceso nacional poniendo mi renuncia indeclinable al cargo de ministro de Economía de la Nación".[42] Gelbard era un avezado político, su texto de renuncia no dejaba dudas de que la hora de la "unidad nacional" había llegado a su fin. Las contradicciones que habían hecho posible el inmenso arraigo del peronismo en la sociedad argentina y su capacidad de sobrevivir en los tiempos de adversidad, habían estallado, desatando una suerte de barbarie "peronista", sólo opacada por la barbarie antiperonista que habrían de instalar los militares en 1976. El reemplazante de Gelbard, Alfredo Gómez Morales, figura clave en la adopción del exitoso programa de estabilización emprendido por Perón en 1952, había abandonado poco tiempo antes la presidencia del Banco Central, debido a que consideraba demasiado permisiva la política fiscal del ministro. Había llegado la hora de la austeridad y para concretarla, contaba con el apoyo de los dirigentes gremiales en otra prueba del divorcio entre los intereses sociales y los intereses políticos que impulsaban la acción de la CGT. Sin embargo, Gómez Morales, de extracción peronista, era resistido por el círculo íntimo de la presidenta, sólo dispuesto a sostenerse en hombres de su confianza. La pregunta que entonces surgía era si este banquero podría replicar los resultados obtenidos en 1952, sin el decidido apoyo del entorno de Isabel.

Con el alejamiento de Gelbard los vínculos que ligaban a la CGE al gobierno se debilitaron. La decisión de Isabel de armar un gabinete con los miembros del círculo de hombres que la rodeaba, clausuró toda esperanza de retomar los acuerdos partidarios que Perón había propiciado en su modelo de la democracia integrada. También puso fin a la relación especial que el líder había establecido con el Partido Radical. La oposición política reaccionó con inquietud ante el "microclima" palaciego reinante, cerradas ya las puertas a cualquier intento de diálogo, pero quedó atrapada por la encrucijada: Isabel o el caos.

Los jefes sindicales fueron los principales aliados del gobierno en la destitución de los gobernadores acusados de "infiltrados" en el peronismo. A través del expediente de la intervención en las provincias se libraron de gobernadores que, como Jorge Cepernic en Santa Cruz y Alberto Martínez Baca en Mendoza, habían dado su apoyo a la izquierda peronista. Miguel Ragone, gobernador de Salta, y

42. Citado en Caparrós, M. y Anguita, E., ob. cit., pág. 456.

163

Atilio López, vicegobernador de Córdoba, fueron asesinados por la triple A.[43] Entre agosto y octubre se desarrolló la operación dirigida a liquidar a los principales bastiones en manos de los líderes de la oposición sindical de izquierda. El SMATA de Córdoba, liderado por René Salamanca, fue intervenido por su dirección nacional y el gobierno declaró ilegal al sindicato de los obreros gráficos de Raimundo Ongaro. La misma suerte corrió, poco después, el sindicato de los electricistas de Agustín Tosco, en Córdoba, y Julio Guillán perdió su posición de líder máximo de los telefónicos.[44] La sanción de la ley de Seguridad Nacional, destinada a combatir a la guerrilla, proporcionó al Ministerio de Trabajo un poderoso instrumento para poner en marcha su proyecto normalizador de las relaciones laborales. El artículo 5 de la ley castigaba con prisión de 1 a 3 años a quienes, luego de declarado ilegal un conflicto laboral por la autoridad competente, instigaran a incumplir con las obligaciones impuestas. En este contexto, la protesta obrera disminuyó. Si hasta junio los conflictos laborales registrados por mes habían llegado a 30, de julio a octubre el promedio bajó a 22,5 y entre noviembre y marzo se redujeron a la mitad.[45]

López Rega, desde el "Ministerio del Pueblo", como prefirió designar a Bienestar Social, y en su calidad de secretario personal de Isabel, era la figura más visible del poder. Ascendido de cabo a comisario de la Policía en mayo de 1974, mediante un salto de quince grados en el escalafón, su rencor hacia los dirigentes sindicales cuya propensión a la traición había conocido en los tiempos en que sirviera a Perón en el exilio, y su aspiración nunca disimulada de controlar los fondos de las obras sociales de los sindicatos, no auguraban un

43. El gobernador de Buenos Aires, Oscar Bidegain, había sido forzado a renunciar en febrero de 1974 y, un mes más tarde, un golpe policial destituyó a Ricardo Obregón Cano, en Córdoba. La misma suerte corrió Hugo Mott, gobernador de Catamarca.

44. La oposición sindical de izquierda cubría un amplio espectro. Salamaca y Tosco, de convicciones marxistas, representaban la tendencia conocida como el "sindicalismo clasista", con arraigo entre sectores modernos de la industria. Ongaro, por su parte, era la expresión de un populismo revolucionario cuyo acento estaba puesto en la marginalidad y la opresión de la clase obrera, retomando los temas del catolicismo posconciliar.

45. Jelín, Elizabeth: "Huelgas en la Argentina", *Revista Mexicana de Sociología*, n° 2, abril-junio de 1978, págs. 19-21.

futuro armonioso a las relaciones entre los jefes sindicales y el gobierno. A través del desvío de los recursos de Bienestar Social, ya sea para financiar las actividades de la triple A o para financiar la campaña electoral de Misiones, tras el dudoso accidente aéreo que les costara la vida al gobernador y al vicegobernador de esa provincia, o bien para acrecentar su fortuna personal, López Rega construyó las bases de su enorme poder en el nuevo gobierno. Sin embargo, otra era la visión que circulaba entonces auspiciada por la pluma de Mariano Grondona. En un artículo del semanario *Carta Política*, en diciembre de 1974, Grondona escribía sobre el "el favorito" de Isabel: "ha promovido o facilitado una serie de desenvolvimientos que se aprueban en voz baja y se aplauden en voz alta. La firmeza ante la guerrilla, la desideologización del peronismo, la recuperación de la Universidad pasan por el discutido secretario-ministro. De la estirpe de los Ottalagano y los Lacabanne, José López Rega es de esos luchadores que recogen, por lo general, la ingratitud del sistema que

La presidenta Isabel Martínez y el titular del "Ministerio del Pueblo", José López Rega, en gira por Santiago del Estero.

protegen. De este material está hecha la política". La reflexión de Grondona concluía: "El secretario-ministro ha contribuido, como actor y como blanco alternativo de reacciones a apuntalarlo (el poder de la presidenta). Deberá seguir haciéndolo probablemente por un tiempo más. Los tutores, que no son árboles, ayudan a los árboles a crecer".[46] Hacia fines de 1974, la política había quedado confinada a las maniobras del entorno presidencial capitaneadas por "el Brujo" y sólo los "verticalistas", fieles a Isabel, tenían cabida en el sistema político diseñado por "Lopecito", como lo llamaba el general Perón, alias "el hermano Daniel", en la clave de las logias exotéricas que frecuentaba López Rega.

¿Cómo había llegado este personaje a encumbrarse en el poder? ¿Amanuense de confianza de Perón?, ¿filtro ante las visitas indeseables?, ¿ pararrayos que detiene todos los males enviados contra la salud de Perón, como prefirió definirse él mismo? Tomás Eloy Martínez recoge estas preguntas en una nota publicada poco después de la caída de López Rega. En ella escribió: "La impresión que me causó cuando lo vi por primera vez fue de todos modos inferior al personaje delirante y cachafaz que habían prometido las fábulas madrileñas. En vez del Rasputín, megalómano y entrometido que anunciaban sus detractores, descubrí más bien a una especie de almacenero sosegado de suburbio, macizo como un toro, que carecía de escrúpulos en la relación social y de todo centímetro de ridículo (...) Por las tardes, López Rega trabajaba invariablemente en los archivos y la correspondencia del general. Algunos de sus adversarios asegurarían, años más tarde, que aprovechó el conocimiento de esos textos para amedrentar a ciertos peronistas que habían dejado en ellos rastros de deslealtad o de torpeza. Lo cierto es que el dominio de esa enorme masa informativa sumada a su infalible memoria de policía bien adiestrado, fue una de las claves de su poder político (...) Siempre confió en la eficacia de su magia, y aún ahora hay que convenir que no le faltaban razones, porque son raros en la historia los casos de un personaje casi iletrado, sin talento aparente para la política y con una ideología a la que por lo menos hay que calificar de extravagante, que fue capaz de llegar tan lejos en un país donde los

46. Grondona, Mariano: "Meditaciones sobre el favorito", citado en Caparrós, M. y Anguita, E., ob. cit., pág. 476.

166

escépticos son mayoría?"[47] Según la reconstrucción hecha por Tomás Eloy Martínez, López Rega, ex cabo de la policía y propietario de una imprenta en la que había publicado planfletos del peronismo clandestino, se habría ganado la confianza de Isabel cuando, gracias a sus contactos con el mayor Bernardino Alberte, delegado de Perón en 1965, consiguió el puesto de custodio de la esposa de Perón. Se conjetura que fue entonces cuando ella lo aceptó como secretario o asistente en el exilio de Madrid.

Tras la salida de Gelbard, los Montoneros decidieron reanudar la guerrilla contra un gobierno del que ya no tenían dudas no era "ni popular ni peronista", y volver a la clandestinidad, en respuesta a una ofensiva enemiga que incluía a la triple A y a las fuerzas de policía regulares. A partir de entonces, los asesinatos vindicativos se convirtieron en una práctica habitual contra los "traidores" peronistas. El asesinato del comisario Villar, jefe de la Policía Federal, en noviembre de 1974, inauguró una secuencia que incluyó a policías y a funcionarios del Ministerio de Bienestar Social enrolados en la tri-

El padre Carlos Mugica, una de las tantas víctimas de la Triple A.

Escribe sobre él, el abogado Ortega Peña, poco tiempo después asesinado por la misma organización paraestatal Triple A.

47. Martínez, Tomás Eloy: "El ascenso, triunfo, decadencia y derrota de José López Rega", *La Opinión*, 25 de julio de 1975.

ple A. Villar era un personaje muy impopular por sus cruentas acciones a la cabeza de la Brigada Antisubversiva. Su asesinato fue públicamente lamentado por pocos, como observa Gillespie, al punto en que no se reparó que también había muerto su esposa en el atentado.[48] El gobierno decidió decretar el estado de sitio, una herramienta que le sirvió para reprimir la actividad de los partidos políticos de la izquierda, blanco de la mira de López Rega. Los Montoneros, por su parte, comenzaron los secuestros y asesinatos de gerentes de empresas para forzarlos a aceptar las demandas obreras, la cual formaba parte de su política militar obrerista. Las acciones de la guerrilla peronista y de los comandos terroristas se multiplicaron en lo que ambos bandos definieron como una guerra. *El Caudillo*, periódico financiado con la publicidad del "Ministerio del Pueblo", había adoptado por lema "El mejor enemigo es el enemigo muerto". Y la que se desató fue una lucha a muerte. Los sectores moderados del peronismo político, críticos de la gestión oficial, quedaron reducidos, como el resto del arco político, al papel de espectadores de la violencia. El ERP, por su parte, volvió su atención hacia la guerrilla rural en la provincia de Tucumán, confiando que podría convertirla en "la Cuba de la Argentina".

Con el telón de fondo de la guerrilla y el terrorismo paraestatal comenzó el enfrentamiento entre los jefes sindicales y el gobierno de Isabel. El balance que los sindicalistas habían hecho del primer tramo de gobierno era positivo. Sin embargo, los primeros síntomas del malestar reinante entre quienes reclamaban, sin éxito, un espacio político en el gobierno, surgieron con motivo de la repatriación de los restos de Eva Perón. La dimensión simbólica adquirida por "la abanderada de los descamisados", a quien la iconografía peronista había consagrado líder de las masas en 1945 y cuya muerte había sido transformada en sacrificio final, ofreció la oportunidad a los jefes sindicales para presionar sobre el gobierno. La prensa había comentado la sigilosa operación de repatriación de los restos de Evita y llamó la atención sobre la ausencia de representantes de la CGT en la ceremonia que se llevó a cabo. Lorenzo Miguel hizo entonces su primera declaración pública de descontento al afirmar que el movimiento sindical debía participar más en las decisiones del gobier-

---

48. Gillespie, Richard: ob. cit., pág. 227.

no.[49] Habían tenido éxito para vetar las iniciativas políticas que el gobierno condenaba, pero no habían podido imponer sus políticas. Los diputados de extracción sindicalista vieron frustrado su propósito de lograr la presidencia de la Cámara de Diputados. A esas alturas, los rumores de enfriamiento en las relaciones entre la dirigencia sindical y el gobierno cobraron fuerza.

Gómez Morales había ensayado una serie de correcciones graduales a lo que quedaba del programa de Gelbard. Concedió ajustes de precios y salarios e intentó reducir el déficit fiscal y atraer a la inversión extranjera, dos políticas de fondo que enfrentaron la resistencia del sindicalismo y de los políticos. El plan de austeridad de Gómez Morales dejaba poco margen a los jefes sindicales para renegociar los salarios. Al mismo tiempo, el costo de vida había subido notoriamente en los últimos meses: entre noviembre de 1974, fecha del último reajuste salarial, y marzo de 1975, había ascendido al 26 por ciento. La CGT criticó la política económica y pidió un aumento de emergencia para compensar la pérdida del poder adquisitivo. Gómez Morales se vio obligado a otorgar un incremento que rondó el 20 por ciento. El panorama económico era sombrío. La inversión, que había alcanzado al 23 por ciento del PNB en el último trimestre de 1974 , descendió al 21 por ciento , sin que la inversión pública compensara esa caída. Gómez Morales trató infructuosamente de flexibilizar la ley de inversiones extranjeras para atraer capitales.[50] Las exportaciones, negociadas con una tasa de cambio inmodificada, estaban en franco retroceso, mientras que las importaciones se incrementaban aprovechando la sobrevaluación del peso. Recién en marzo de 1975 el ministro logró devaluar el peso en un 50 por ciento (de 10 a 15 pesos por dólar), pero esa medida no alcanzó a eliminar el alto grado de sobrevaluación de la moneda.

Las negociaciones colectivas comenzaron sin que las autoridades económicas suministraran guía alguna para proceder. Como ni los

49. *La Opinión*, Buenos Aires, 8 de enero de 1975.
50. Gómez Morales, desde la presidencia del Banco Central, se había opuesto a las medidas anunciadas por Isabel, el 17 de octubre de 1974: la "argentinización" de las bocas de expendio de combustible de la Esso y de la Shell; la nacionalización de cinco bancos que habían sido comprados por capitales extranjeros durante el gobierno militar y la anulación de los contratos telefónicos de Siemens e ITT.

empresarios ni los sindicalistas encontraban respuestas a sus interrogantes, la discusión pronto se empantanó. Isabel desoyó los perentorios pedidos de los jefes sindicales, dedicaba como lo estaba entonces, bajo la poderosa influencia de López Rega, a construir un nuevo esquema de apoyos cuyos pilares habrían de ser el *establishment* económico y las Fuerzas Armadas. En febrero, Isabel firmó el decreto que establecía que el Comando General del Ejército tendría a su cargo la aniquilación de la subversión. En mayo, el gobierno forzó la renuncia del general Anaya y nombró al general Alberto Numa Laplane en la más alta jerarquía del Ejército. Numa Laplane era partidario del "profesionalismo integrado", doctrina que comprometía el apoyo de la institución a la política gubernamental y cuya defensa le había valido a Carcagno la defenestración, cuando Perón llegó a la presidencia. "Yo los llevaré a la felicidad –decía Isabel– y a los que se opongan les daré con un látigo, se me acabaron la paciencia y la comprensión."[51]

El programa que el gobierno ofrecía para ganarse la confianza de las jerarquías militares y de los círculos económicos poderosos, prometía la represión de la subversión en todos sus frentes. En el plano económico, el vuelco hacia el capital extranjero y hacia una economía de mercado, con la reducción de los salarios, el restablecimiento de la disciplina industrial y el desplazamiento de la CGT de la estructura de poder. Para el logro de este drástico giro a la derecha, el apoyo de las Fuerzas Armadas era decisivo.

Cuando se aproximaba la fecha para declarar finalizadas las negociaciones de las comisiones paritarias, se llegó a un acuerdo. Se otorgaría un aumento salarial uniforme del 38 por ciento. Los jefes sindicales recibieron con alivio este aumento que superaba con creces al ofrecido inicialmente por Gómez Morales. Sin embargo, antes de que empresarios y sindicatos llegaran a firmar los acuerdos, Gómez Morales renunció y en su reemplazo, fue designado Celestino Rodrigo, miembro del "círculo" de López Rega. El anuncio del nuevo ministro de un aumento superior al 100 por ciento en el precio de los servicios públicos y combustibles y de la devaluación del peso en un 100 por ciento, al mismo tiempo que la sugerencia de un aumento del 40 por ciento como guía para las negociaciones salariales, con-

51. *Clarín*, 2 de mayo de 1975.

movieron a la opinión pública. La magnitud del reajuste –conocido como "el Rodrigazo"– y el momento elegido no dejaban dudas de que la presidenta buscaba recortar el poder de los jefes sindicales. Éstos se encontraron luchando no sólo por un aumento salarial sino por su propia sobrevivencia política. Desde el mes de marzo, los conflictos laborales se habían intensificado como consecuencia de la legislación represiva y la parálisis de las negociaciones en las comisiones paritarias. Villa Constitución, la ciudad industrial que fuera paralizada un año antes, fue de nuevo protagonista de un prolongado conflicto. Reprimido por el gobierno con el argumento de que se trataba de un complot para paralizar la industria pesada en el cordón industrial del río Paraná, despertó la solidaridad de sindicatos de la industria automotriz de Buenos Aires, Córdoba y Rosario.

En ese contexto convulsionado, la reacción al reajuste emprendido por Rodrigo fue una movilización masiva que desbordó los sindicatos. Los jefes sindicales se plegaron a la protesta y declararon caduco al acuerdo salarial alcanzado. El ministro ofreció el 45 por ciento, pero su oferta fue rechazada. Bajo la presión sindical, el gobierno decidió anular las restricciones a la libre negociación salarial y de este modo, los nuevos acuerdos salariales alcanzaron un promedio de 160 por ciento, sin que los empresarios ofrecieran resistencia. El 24 de junio, Lorenzo Miguel convocó a los metalúrgicos a la Plaza de Mayo para darle las gracias a Isabel por las mejoras salariales. Pero el silencio de la presidenta –los acuerdos no habían sido ratificados– llevó a los sindicalistas a convocar a una segunda y más vasta movilización para presionar al gobierno, esta vez con duros estribillos en contra de López Rega y de Rodrigo. Isabel se entrevistó con los jefes sindicales y les prometió una respuesta. Al día siguiente, anunció la anulación de los acuerdos alcanzados entre empresarios y sindicalistas y su decisión de otorgar un aumento salarial del 50 por ciento, seguido de dos aumentos del 15 por ciento, en octubre y enero próximos. Los dirigentes sindicales se encontraron ante una encrucijada: continuar la confrontación y correr el riesgo de desencadenar la caída del gobierno o aceptar la derrota política con el costo de profundizar aun más la brecha existente entre ellos y sus bases.

Mientras los jefes sindicales discutían qué hacer, la reacción espontánea de los trabajadores no se hizo esperar. Todo el país se paralizó. La CGT no tuvo entonces otra alternativa que convalidar el estado de huelga y convocar a un paro general de 48 horas para el 7 y 8 de julio. Ésta era la primera huelga general decretada por la CGT en la historia del peronismo. Los dirigentes sindicales trataron de transformar este "defecto" en una virtud, proclamando que el objetivo de la huelga era apoyar a Isabel, "porque la señora estaba mal aconsejada". La multitud que esta decisión convocó frente a la Casa Rosada reclamó las renuncias de Rodrigo y de López Rega y la inmediata aprobación de los acuerdos salariales. El Ejército se mantuvo prescindente, contrariando las esperanzas del gobierno de contar con su intervención para reprimir la protesta obrera e Isabel se vio forzada a aprobar los contratos salariales. Pocos días después, López Rega y Rodrigo presentaron sus renuncias. El plan de López Rega de recortar el poder del sindicalismo había fracasado estrepitosamente. Los sindicalistas fueron los vencedores indiscutidos de la crisis política desatada por el Rodrigazo. López Rega había ido demasiado lejos y demasiado rápido.

4. La descomposición

Isabel se había quedado sola. Cuando una década atrás se enfrentó a los jefes sindicales que trataron de armar el peronismo sin Perón, saboreó la derrota de éstos. Ahora era ella la derrotada. Las presiones para que dimitiera crecían desde todos los frentes y la perspectiva de un golpe militar amplificaba los efectos de la crisis política. Con el nombramiento del coronel en actividad Vicente Damasco, como ministro del Interior, el gobierno buscó el respaldo de las Fuerzas Armadas, pero esta jugada desesperada provocó la reacción de las jerarquías militares, que vieron comprometida su neutralidad. Este "nuevo coronel de los trabajadores", como fue calificado por los jefes sindicales, llevó a las altas jerarquías militares a exigir no sólo su inmediato paso a retiro sino la destitución del general Laplane. El general Jorge Rafael Videla, defensor de la no participación en el poder político, se convirtió en comandante en jefe del Ejército. Isabel quedó librada a su suerte. El pretendido "constitucionalismo" de las Fuerzas Armadas habría de manifestarse como una forma sutil de golpismo unos meses más tarde.

La ofensiva de los jefes sindicales encontró eco en los viejos cuadros políticos peronistas que se resistían a convalidar el proyecto de reconversión emprendido por López Rega. Marginados del gobierno, la crisis de julio les proporcionó la oportunidad para pasar a la ofensiva. El 9 de julio, la Cámara de Senadores designó a Ítalo Lúder, un peronista moderado, con buenas relaciones con los partidos de la oposición, el sindicalismo y las Fuerzas Armadas, presidente del cuerpo. El cargo había estado vacante desde el mes de abril, cuando José Antonio Allende fue forzado a renunciar con el argumento de que un demócrata cristiano no podía ser sucesor legal de la presidencia. De este modo, la maniobra de López Rega, destinada a colocar en la línea de sucesión directa a su yerno, Raúl Lastiri, fue desmantelada. También abortó el intento de modificar la Ley de Acefalía, presentada por el Ejecutivo en su último intento de colocar en la línea sucesoria a algunos de los ministros del gabinete.

Los distintos sectores que integraban el conglomerado peronista –la tendencia izquierdista de la juventud, el sindicalismo ortodoxo y el peronismo tradicional–, se lanzaron a la conquista de un poder vacante en una frenética carrera contra el tiempo. El horizonte del golpe confería dramatismo a todas las acciones. Los Montoneros se prepararon para la eventualidad de una salida electoral a la crisis desatada en el gobierno de Isabel. El Partido Auténtico (PA) –una coalición formada por la tendencia revolucionaria montonera, la mayoría de los gobernadores depuestos y algunos veteranos sindicalistas de la resistencia peronista de los años '50 y de las luchas obreras de los años '60, como Andrés Framini y Armando Cano– había sido creado en marzo de 1975 para competir en las elecciones para gobernador, celebradas en Misiones. Sólo el 5 por ciento de los votos había coronado esta apuesta. Sin embargo, era un esfuerzo por integrarse al sistema político que podría haber desembocado en la escisión de los Montoneros entre "militaristas" y "políticos". Cuando los Montoneros eligieron como blanco de sus ataques a la Fuerzas Armadas, sellaron la suerte del PA que, en noviembre de 1975, fue prohibido por el gobierno.

A mediados de 1975, la economía estaba transitando hacia una fase de recesión. La producción industrial había caído y el desempleo en Buenos Aires había crecido del 2,6 al 6 por ciento, llegando al 7 por ciento en Córdoba. La situación de pagos era crítica. Pedro Bonani reemplazó a Rodrigo e intentó sellar un compromiso con los jefes sindicales, pero la tregua social fue rechazada por los empresarios. La inflación en el mes de agosto representaba un aumento del 238,6 por ciento, en comparación con el mes de agosto de 1974. A los veintiún días de haber asumido el cargo, Bonani renunció. El 12 de agosto, Antonio Cafiero, ex asesor de la CGT, ocupó el Ministerio de Economía y Carlos Ruckauf, otro hombre de confianza del sindicalismo, la cartera de Trabajo. El 13 de setiembre, Isabel se alejó de sus funciones en uso de licencia y delegó el mando en el flamante presidente del Senado, Ítalo Lúder, dejando paso a la coalición entre sindicalistas y políticos moderados, conducida por éste.

La deteriorada situación económica no había atenuado los conflictos laborales. Las distorsiones de la estructura salarial que emergió de la crisis de julio –los aumentos habían oscilado entre el 60 y el 200 por ciento– hicieron que aquellos que habían quedado rezagados reclamaran un aumento equivalente al obtenido por otras categorías de obreros. Mientras esto ocurría, surgían nuevas demandas para compensar el deterioro del poder adquisitivo en los sectores que ha-

Antonio Cafiero y Carlos Ruckauf, ministros de Economía y Trabajo respectivamente del gobierno de Isabel Perón.

bían sido más beneficiados en los contratos de trabajo firmados en julio. En agosto, un líder sindical afirmó: "En estos momentos hay muchos dirigentes sindicales que son lo suficientemente fuertes como para llamar a la huelga, pero hay muy pocos que tengan la fuerza para una".[52] La lucha laboral tenía como telón de fondo la acción de la guerrilla en las empresas y la de los grupos paramilitares.

En ese contexto, la política de Cafiero asumía que detener la inflación era imposible y prefirió la indexación progresiva de salarios, precios y tasa de cambio, destinada a evitar ajustes violentos que desgastaban al gobierno como lo había demostrado la experiencia de Rodrigo. En el mensaje que dirigió al país, Cafiero dijo: "En Argentina se han acabado los *shocks*, se han acabado los palos a la izquierda y a la derecha, los palos a ciegas, se han acabado los elefantes en el bazar. En Argentina ha entrado la época de la sensatez, de la cordura, del razonamiento claro, preciso y sistemático, sobre los problemas que debemos enfrentar".[53] Dispuesto a convivir con la inflación, confiado en sus capacidades técnicas, muy pronto pudo constatar que la cordura no era precisamente una cualidad compatible con un régimen de tan alta inflación. La depreciación del valor de los bienes y salarios desató el comportamiento especulativo. Las grandes empresas se entregaron a la manipulación de las diferencias entre el dólar oficial y el dólar en el mercado negro, entre el interés que redituaban los títulos públicos y la tasa de inflación. La vorágine especulativa atrajo a capitales de toda la economía, incluso a los pequeños ahorristas. Todos apostaban al dólar, y este comportamiento amplificó la recesión de la economía. El nuevo equipo tuvo que recurrir a un acuerdo con el FMI, el primero de un gobierno peronista, para tratar de revertir la crítica situación de pagos.

Una nueva organización empresaria, la Asamblea Permanente de Entidades Gremiales Empresarias (APEGE), integrada por la Sociedad Rural, las Confederaciones Rurales, la Cámara Argentina del Comercio y la Cámara de la Construcción, ocupó el lugar vacante dejado por la CGE en la discusión de las medidas del gobierno. En el mes de setiembre, los productores agrarios lanzaron un paro ganadero consistente en interrumpir los envíos de hacienda a las su-

52. *New York Times*, 13 de agosto de 1975.
53. Citado en Kandel, P. y Monteverde, M., ob. cit., págs. 94-95.

bastas. En noviembre, un segundo paro ganadero afectó aun más que el primero el abastecimiento de la población.

La situación hacía difícil mantener la expectativa optimista con que muchos habían recibido a la coalición gobernante. La conflictiva convivencia entre sindicalistas y políticos moderados hacía cada vez más lejana la perspectiva de lograr la estabilidad de la economía. Una prueba de hasta qué punto las demandas de los jefes sindicales desbordaron todo intento estabilizador la proporcionó el fallido intento de Cafiero por reeditar la tregua económica y social que había sido la clave de la política económica peronista hasta la crisis de julio. El 25 de octubre, el ministro logró la firma de un compromiso entre empresarios y sindicalistas que estipulaba la indexación trimestral de los salarios a partir de enero de 1976. Sin embargo, una semana después de firmada el "Acta de Concertación Social Dinámica", el propio ministro se vio obligado a violarla y otorgó un aumento salarial del 27 por ciento, aplicable a partir de noviembre. Los jefes sindicales se encontraban en un callejón sin salida, ¿cómo defender una política oficial impugnada por su bases que continuaba erosionado su ya escaso prestigio entre sus representados?

La producción industrial continuaba cayendo. De -5,6 por ciento en el tercer trimestre pasó a -8,9 por ciento en el último cuarto del año; sin embargo, el deterioro de la situación económica no contribuyó a morigerar la intensidad de los conflictos laborales. Lúder había reemplazado al coronel Damasco por el doctor Ángel Federico Robledo en el Ministerio del Interior y enviado al Congreso el proyecto de creación del Consejo de Defensa Nacional y el de Seguridad Interior, que depositaba en las Fuerzas Armadas la responsabilidad de la lucha contra la subversión. El general Videla había mantenido una prudente distancia con el gobierno, pero los ataques de los Montoneros a objetivos militares, en particular el espectacular ataque a la guarnición del Regimiento 29 de Infantería de Monte, llevado a cabo a comienzos de octubre en la provincia de Formosa, dieron pábulo al avance militar. Las Fuerzas Armadas pasaron a integrar el Consejo de Seguridad Interna, presidido por Lúder, y a partir de noviembre lanzaron operaciones antisubversivas de gran envergadura que incluían la intervención en los conflictos laborales y el avasallamiento de los fueros federales.

Cuando a mediados de octubre Isabel retomó la presidencia, contrariando la generalizada esperanza de que renunciara, su desprestigio no podía ser mayor. Envuelta en un escándalo de malversación de fondos junto con figuras del lopezrreguismo, concitó las resistencias dentro y fuera del peronismo. En el Ejército, en el mundo de los negocios, entre los políticos, se hablaba de un "vacío de liderazgo". El retorno de Isabel volvió a plantear el viejo dilema de los jefes sindicales. Victorio Calabró, gobernador de Buenos Aires y segundo en la jerarquía del sindicato metalúrgico, encabezó la rebelión contra los defensores de Isabel, acaudillados por Lorenzo Miguel. Por segunda vez, Miguel logró triunfar y Calabró fue expulsado del Partido Justicialista, de la UOM y de las 62 Organizaciones. Al frustrado desafío del sindicalismo acompañó la rebelión de los legisladores peronistas. La formación de un bloque disidente en el Congreso privó al gobierno de la mayoría en la Cámara de Diputados. Antes de la ruptura, el FREJULI contaba con 142 bancas contra 101 de la oposición. Consumada la escisión, la oposición y los peronistas disidentes tenían 129 bancas, los fieles a Isabel 102 y había 12 posiciones independientes. En diciembre, el MID, liderado por Arturo Frondizi y Rogelio Frigerio se retiró del FREJULI argumentando que "el Estado marcha a la deriva", y en rápida búsqueda de un lugar en la nueva oposición que se había gestado.

Las presiones de los políticos y de los sindicalistas disidentes –Victorio Calabró afirmaba entonces: "así no llegamos al '77"– forzaron a la presidenta a adelantar la fecha de las elecciones. El anuncio de que éstas se celebrarían el 17 de octubre de 1976, una fecha cuyo contenido simbólico contribuía a la irritación, no hizo sino acrecentar las dudas de que el gobierno pudiera retener el poder. Antes de terminar el año, los militares ocuparon el centro de la escena. Un levantamiento en la Fuerza Aérea, comandado por el Brigadier Jesús Orlando Capellini, redobló los rumores de que había llegado la hora del golpe. El motín fue sofocado, pero el general Videla, la máxima autoridad del Ejército, advirtió en su mensaje de Nochebuena que tenían que modificarse los rumbos y que debían "actuar aquellos que deban adoptar las decisiones que solucionen los problemas del país". Esta advertencia, con el carácter de un ultimátum, al tiempo que exhortaba a los civiles a encontrar una salida negociada, reconocía la profundidad de la crisis y la incapacidad de la que los políticos habían hecho gala para resolverla. El tiempo del golpe se acercaba. Mientras tanto, la represión de la guerrilla convertía a los militares en los guardianes de un orden que los civiles ya no podían garantizar.

El año 1976 se inició con la reorganización del gabinete. Isabel se desprendió de los ministros ligados a la coalición de sindicalistas y políticos para colocar en sus puestos a un grupo de figuras sobrevivientes del círculo de López Rega y a funcionarios desconocidos. La reacción inicial de los jefes sindicales fue agresiva, se llegó a discutir la posibilidad del juicio político a la presidenta por malversación de fondos públicos, pero muy pronto suavizaron sus reservas y aceptaron con resignación y fatalismo el derrumbe inminente del gobierno. Los acontecimientos se precipitaron. Los diputados de la bancada federalista que nucleaba a partidos provinciales presentaron un pedido de destitución de la presidenta por "inmoralidad, inconstitucionalidad, ilegalidad e ineptitud en la gestión presidencial"

Mientras tanto, el nuevo grupo presidencial propuso a las Fuerzas Armadas la disolución del Parlamento y la "bordaberrización" del Ejecutivo, una maniobra similar a la que había realizado el presidente de Uruguay, Juan María Bordaberry, en 1973. El nuevo gabinete esperaba ganarse también la confianza del *establishment* económico. La respuesta de la APEGE fue realizar el primer *lock out* de la historia argentina. Mientras en el Congreso los verticalistas bloqueaban las propuestas de los "institucionalistas" y de la oposición para desplazar a Isabel del cargo, la presidenta ofrecía el espectáculo patético de su obcecación. "Algunos creen que porque me ven flaca no tengo fuerzas. Es cierto que a veces estoy cansada, pero hay fuerzas que vienen de Dios y que nos hacen mover montañas, pero a veces me dan ganas de agarrar el látigo y terminar con aquellos que quieren el caos y la destrucción del país", dijo Isabel en el discurso con el que conmemoró el tercer aniversario del triunfo peronista, en la CGT.[54] ¿Por qué Lúder no convocó a una asamblea legislativa que declarase inhábil a la presidenta? La respuesta de Lúder al interrogante fue: "En verdad, a esa altura de los acontecimientos yo estaba convencido de que la decisión de las Fuerzas Armadas de tomar el gobierno era irreversible. Atento a ello y a la fal-

---

54. *La Nación*, 11 de marzo de 1976.

ta de viabilidad constitucional de la convocatoria solicitada, procuré evitar el enfrentamiento del mundo político y la fractura del justicialismo..."[55] Esta sorprendente declaración de impotencia no es suficiente para comprender los motivos de la parálisis de los políticos moderados del peronismo para ofrecer una salida a la crisis. La necesidad de un reajuste drástico de la economía jugaba a favor de la pasividad frente al derrumbe del gobierno. No habrían de ser los jefes sindicales y los viejos cuadros del peronismo los que tomarían en sus manos la responsabilidad de una política económica impopular. La lenta agonía de la Argentina peronista podía prolongarse gracias a la renuencia de los peronistas a admitir que el retorno de la prosperidad era imposible.

El nuevo ministro de Economía, Emilio Mondelli, confesaba que no tenía un plan económico para enfrentar la crisis, sino tan sólo "medidas", e Isabel pedía a la CGT "no me lo silben mucho al pobre Mondelli", cándidas confesiones de la impotencia del gobierno. El déficit fiscal estaba totalmente fuera de control, habiendo alcanzado en 1975 la inédita cifra del 12,4 por ciento del PBI. En marzo de 1976, por primera vez en la historia argentina los precios aumentaron más del 50 por ciento en un mes. Las medidas de Mondelli incluían fuertes aumentos de las tarifas públicas y una devaluación del 82 por ciento del peso. También, por primera vez se incluía en un programa económico peronista el objetivo explícito de reducir el nivel de los salarios reales.

El Partido Radical trató en vano de recobrar el centro de la escena. A lo largo de los tres años de gobierno, el peronismo había hecho las veces de gobierno y de oposición, relegando al radicalismo al papel de espectador de una puja sin cuartel. Su defensa del orden institucional lo llevó a tolerar los comportamientos de Perón y de sus sucesores sin más reacción que la esperanza de reconstruir el sistema político arrasado por la intolerancia. Su convocatoria a armar un gobierno de coalición para desplazar a Isabel, no tuvo eco. Cuando el 16 de marzo Balbín pronunció un mensaje para encontrar una salida política, todos sabían, incluido el jefe de radicalismo, que era demasiado tarde. Dispuestos a "desensillar hasta que aclare" como

55. Lúder, Ítalo Argentino: *El proceso argentino*, Buenos Aires, Corregidor, 1977, pág. 30.

había enseñado Perón, el sindicalismo y los políticos peronistas cerraron filas detrás de la viuda de Perón.

En medio de la violencia que seguía cobrando víctimas y de una ola generalizada de huelgas cuyo desemboque parecía similar a la crisis de julio de 1975, la actitud del secretario general del sindicato textil, Casildo Herrera, expresó el clima reinante en el peronismo. Casildo Herrera emigró a Uruguay temeroso del destino que le depararía el golpe y ante la requisitoria periodística acuñó la frase memorable: "Me borré", que no pocos compararon con la actitud del virrey Sobremonte, quien supo huir despavorido de los invasores ingleses. El ministro de Trabajo, Miguel Unamuno, decía el día anterior al golpe, "Estén seguros de que lo único que nos queda es caer como peronistas, fieles a nuestra doctrina y a la filosofía de nuestro general". Ya todo estaba dicho.

Cuando el 26 de marzo de 1976 el golpe militar desplazó del poder al justicialismo, nadie se sorprendió. Acostumbrados a descifrar los signos premonitorios de la crisis, la mayoría de los argentinos lo recibió como un desenlace inevitable; no imaginaban otra solución. Tampoco supieron imaginar la singularidad que habría de tener este golpe militar respecto de las experiencias pasadas. Aceptado con resignación, el clima no era de esperanza y optimismo como en 1966. Muchos sintieron temor por lo que suponían habría de ser una suerte de castigo a una lucha política cada vez más salvaje. Los militares habían esperado que la profundización de la crisis política confiriera legitimidad a su intervención, que esta vez llegaba "diez minutos después". Entraron en la Casa Rosada, sin que nadie les ofreciera resistencia. Nunca antes había sido tan fácil, se dijo, "en la Casa de Gobierno, no había nadie".

A diferencia de los golpes de 1955 y de 1966, el de 1976 fue hecho en nombre de una identidad que no era ya el resultado del viejo clivaje entre peronistas y antiperonistas, ni consecuencia del dilema de cómo comportarse con el peronismo que había enfrentado a Azules y Colorados en los años 1962 y 1963, sino, y sobre todo, la consecuencia de la responsabilidad que habían asumido en la guerra interna. Como nunca en el pasado, las Fuerzas Armadas se percibieron como corporación militar por encima de la sociedad, convencidas de que esa identidad les otorgaba la capacidad para hacerse cargo de una sociedad enferma e imponerle su disciplina militar. La "democracia integrada" que impulsaba Perón había fracasado. Una democracia "gobernada" por el poder de fuego, confiaban, habría de recrear el sistema político en el que un fuerte movimiento conservador, descendiente del proceso iniciado en 1976, y el drástico recorte del poder sindical, llevarían a la Argentina a su "destino de grandeza". Con el bagaje de las lecciones aprendidas a lo largo de dos décadas, los nuevos gobernantes se prepararon para convencer a una opinión escéptica por el imperio del terror.

Muy pronto, sin embargo, la lucha por el poder dentro de la Junta Militar, amplificada por la arquitectura institucional escogida por los militares –según la cual la Junta y no el presidente, era la autoridad suprema de la nación–, habría de trasladarse al gobierno. Con un gobierno dividido entre las tres armas y cada arma espiando a las otras, la feudalización del poder militar desató una lucha de todos contra todos en la que el terror también sirvió para alcanzar ventajas personales. Comenzó entonces otra historia, la del terror todavía demasiado cercano.

IV. EPÍLOGO

En 1966, diez años después del derrocamiento del gobierno del general Perón, las Fuerzas Armadas tomaron el poder y terminaron la segunda experiencia de un gobierno elegido gracias a restricciones electorales destinadas a eliminar de la competencia política al movimiento peronista. El golpe militar parecía la culminación del proceso iniciado en 1955. Las sucesivas tentativas de extirpar al peronismo de la vida política argentina habían fracasado. Ni la persecución de los políticos y los dirigentes sindicales, la disolución del partido y el control militar de los sindicatos durante 1955 y 1956, ni el proyecto de Frondizi de captar en beneficio propio al electorado peronista, ni la carta del neoperonismo, jugada con la esperanza de ver fragmentado al peronismo en un conjunto de partidos justicialistas, habían logrado el objetivo de construir un orden político estable. Los militares se decidieron entonces a gobernar prescindiendo de las fuerzas sociales y políticas. Suprimieron los partidos políticos en nombre de una legitimidad alternativa al veredicto del electorado e hicieron conocer a los argentinos que la política permanecería en suspenso, hasta tanto las orientaciones de la ciudadanía se acomodaran al marco establecido por la Revolución Argentina; sólo entonces llegaría la "verdadera democracia representativa". La Argentina no había podido ser gobernada sin el peronismo, por lo tanto, sería gobernada prescindiendo de la política *tout court*, sin

Jura la Junta Militar del Proceso de Reorganización Nacional. Massera, Videla y Agosti el miércoles 24 de marzo de 1976 en el Comando General del Ejército.

desviaciones corporativistas en su *modus operandi*, ya que éstas –lo habían constatado– dejaban intactas las instituciones y las políticas que hacían posible el retorno de la Argentina peronista.

A lo largo de una década, la sociedad argentina se había transformado. El peronismo había logrado sobrevivir, también él transformado, como consecuencia de la modernización económica y cultural y del contexto político surgidos a partir de 1955. Sin embargo, el conflicto nacido del enfrentamiento entre peronistas y antiperonistas no había encontrado cauce en el sistema político. ¿Cómo imponer la necesidad de coincidencias políticas a quienes la persecución, primero, y las reiteradas manipulaciones del sistema electoral, después, habían creado una conciencia aguda de injusta discriminación y de diferencias irreconciliables? Sin la necesaria *concordia discors*, el sistema político se convirtió en caja de resonancia de los conflictos que giraron alrededor de la legitimidad de los que llegaban al poder gracias a las sucesivas manipulaciones del sistema electoral. En 1959, José Luis Romero constataba la paradoja de un país sin problemas sociales mayores, en el que el bien escaso seguía siendo la imposibilidad de coincidir.[1]

Los militares creyeron que al reemplazar la política por la administración, pondrían fin a una crisis enraizada en las falencias estructurales de la economía, la sociedad y el sistema político, amplificada por el contexto internacional surgido de la revolución cubana. El temor a una conspiración marxista internacional –aun cuando poca o ninguna evidencia justificara esta prevención–, en el contexto de una libertad intelectual inédita y de la heterodoxia en materia católica que había sacudido los cimientos de la Iglesia argentina, contribuyó a darle dramatismo a una intervención que se proponía como meta la salvaguarda de los valores occidentales y cristianos. La modernización de la economía era para ellos parte de la empresa más vasta de conservación del orden que la modernización ideológica y cultural desatada luego de 1955 había trastocado. El peronismo había impugnado el régimen oligárquico, pero no había subvertido los valores culturales que habían sostenido ese régimen, por el contrario, lo aceptaron tal como era, para luego modificarlo sólo lo necesario a fin de que se abriera y permitiera la incorporación de nuevos grupos y sectores en él, como observa José Luis Romero.

Una mirada retrospectiva a la acogida popular que tuvo la llamada Revolución Argentina, apoyada por una propaganda tan masiva como eficaz , sólo encuentra explicación en la frustración que acongojaba a los argentinos de entonces. Para muchos, el fracaso de la "nueva Argentina" prometida por Frondizi, era la prueba de que sólo quedaba la revolución como alternativa política. Impulsada por el clima de ideas de la década del sesenta, para el que la crisis final del capitalismo y la expansión del socialismo eran certezas, y el horizonte abierto por la Revolución Cubana –convertida en la "Roma antillana" como la bautizara Tulio Halperin Donghi– la alternativa re-

1. Romero, José Luis: *Las ideologías de la cultura nacional*, Buenos Aires, Centro Editor de América Latina, 1982, pág. 40.

volucionaria penetró en vastos sectores de la juventud movilizada y la intelectualidad argentinas y sirvió de elemento coaligante de la diversidad de corrientes que la componían. En el marco de esta transformación cultural y moral, que Silvia Sigal y Oscar Terán reconstruyen con maestría, la Revolución Argentina del general Onganía tenía el mérito de devolver a la política el atractivo perdido durante la etapa del gobierno del radicalismo del Pueblo.[2] Militares y grupos radicalizados, de origen marxista y nacionalista-católico, se enfrentaron con la común convicción revolucionaria de que la política representativa era un lastre del pasado. La acción directa y la represión sustituyeron a la política, y la administración quedó confinada a la institucionalización de "mecanismos de asesoramiento", según la reveladora expresión del secretario de gobierno de Onganía, el nacionalista Mario Díaz Colodrero.

El Cordobazo, en 1969, y la ola de rebeliones regionales que cubren el período 1969-70, sacudieron la coraza del régimen de Onganía. Un poder, cada vez más remoto y autoritario, sordo a las inquietudes de la jerarquía militar, preparó el camino por el que iba a transitar el hombre que aspiraba controlar el destino del proceso iniciado en 1966. La entronización de la violencia en la sociedad confirió una nueva dimensión al conflicto e impuso a los militares ensayar otra salida: gobernar la Argentina con el peronismo. Si hasta entonces habían especulado con la muerte del general, en 1972 terminaron por convencerse de que sólo su formidable carisma podía contener la violencia que asolaba a la sociedad argentina. El general Lanusse, artífice de esta estrategia, creyó poder imponer las reglas de juego de una transición institucional cuyo desenlace debía ser un presidente aceptado por las Fuerzas Armadas. Este caudillo militar, que había tenido la audacia de enfrentar a Perón, convertido él mismo en líder de un proyecto político, acariciaba la idea de un destino semejante al que tuvo un pariente lejano suyo, el general Agustín Justo en 1932. Sin embargo, la realidad habría de echar por tierra sus ambiciones presidenciales. En medio de un generalizado repudio hacia el régimen militar que llevaba a tolerar e incluso a celebrar la invasiva presencia de la violencia en la política, el gobierno militar se

---

2. Sigal, S.: *Intelectuales y Poder en la década del sesenta*, ob. cit., y Terán, Oscar: *Nuestros años sesentas*, Buenos Aires, Puntosur, 1991.

vio obligado a seguir la dinámica del proceso que había desencadenado. Nada hizo para impedir la salida electoral. El temor a una combinación explosiva del descontento popular y la guerrilla, hizo de la decisión de institucionalizar el país una medida irreversible. Los militares terminaron por aceptar que "Perón es una realidad", y Perón volvió a convertirse en el árbitro de la política argentina.

La laboriosa ingeniería institucional diseñada para propiciar la formación de una coalición opositora, fracasó; en su lugar proliferaron los candidatos no peronistas en la primera vuelta. Pese a que la fórmula peronista no había logrado la mayoría absoluta de los sufragios, la magnitud de la diferencia con las restantes fuerzas políticas confirió a esta victoria una dimensión aplastante. No hubo una segunda vuelta. Se inició entonces el que habría de ser el breve interregno de gobierno del doctor Cámpora. Como había ocurrido con la estrategia de la élite conservadora en las primeras décadas del siglo, la fuerza política a las que se esperaba incorporar en una posición subordinada, terminó alzándose con el gobierno. El paralelo histórico termina allí. La consigna "Cámpora al gobierno, Perón al poder", expresó lo que el peronismo no estaba dispuesto a aceptar: una transición institucional surgida de las elecciones más democráticas celebradas en los últimos veinticinco años. Si Perón estaba en el país, sólo él podía presidir a los argentinos. Las elecciones de setiembre fueron un plebiscito sin sorpresas: Perón fue consagrado presidente. Esta suerte de "golpe" institucional dejó claro que el gobierno de Cámpora había sido sólo un eslabón en la operación política que culminó con la definitiva consagración del líder de los peronistas.

Perón no pudo con la empresa de gobernar las pasiones desatadas por casi dos décadas de frustración y discordia. Desafiado por las fuerzas desestabilizadoras que el régimen militar había estimulado y que él mismo impulsara desde el destierro, su último discurso, el 12 de junio de 1974, fue una queja amarga al mismo tiempo que una confesión de soledad y desánimo. Fue con la bendición de Perón que Isabel y su círculo de asesores se lanzaron a una nueva empresa de reconversión ideológica del peronismo. El desembozado pragmatismo económico y el autoritarismo con que el gobierno de sus sucesores buscó imponerse, terminaron por galvanizar la oposición de los jefes sindicales y los viejos cuadros políticos del movimiento.

En nombre de la identidad nacionalista y reformista, el movimiento peronista preparó su caída.

A lo largo de la década, los conflictos sociales, cada vez más eclipsados por el *crescendo* de la violencia, habían dado testimonio de que los dilemas heredados de la sociedad peronista que el golpe de 1955 se había propuesto aniquilar sin éxito, seguían irresueltos. Antes de 1955, la estabilidad relativa del consenso en torno a la distribución de la riqueza había descansado en el carisma de Perón y en su extraordinario poder de arbitraje. Ese poder había logrado contener las tensiones entre las fuerzas sociales organizadas porque el régimen había definido las reglas fundamentales para manejar los conflictos. A partir de 1973, en cambio, la envergadura de los enfrentamientos que representaron los conflictos sociales y políticos, teñidos como lo estaban por el descontrol de la violencia, no tenían reglas definidas para su resolución. El poder del viejo líder fue puesto a prueba y no logró arbitrar los conflictos como lo había hecho en el pasado. El dramatismo del último discurso de Perón reflejó su impotencia para gobernar las tensiones sociales y políticas que dividían a los argentinos. Si Perón no había podido gobernar los conflictos que habían estallado en el seno de su movimiento, a lo largo de la saga que se extiende desde la masacre de Ezeiza, en noviembre de 1972, hasta el discurso del 12 de junio de 1974, ¿cómo gobernar al peronismo, convertido en gobierno y oposición a la vez, después de su muerte? En 1976, el experimento democrático terminó en una intervención militar. Pero allí concluyeron las semejanzas entre el golpe militar que había abierto y el que clausuraba esa década.

En 1976, la dramática experiencia que culminó en el horror en la etapa final del gobierno peronista, convenció a los militares, ellos mismos blanco de la guerrilla peronista y no peronista, de que la única manera de gobernar la sociedad argentina era con el imperio del terror. Comenzó entonces otra historia, la del terrorismo estatal que buscó justificación en la evocación de los crímenes de la guerrilla para hacer desaparecer a las personas y apropiarse de sus bienes y de sus hijos. Recibidos con la aquiescencia de quienes eran conscientes de que no habían sabido encontrar solución a los dilemas en los que se debatía la sociedad argentina, los militares que tomaron el poder en 1976 se dispusieron una vez más a aniquilar la Argentina peronista. Convencidos de que el terror habría de poner fin a una lucha política cada vez más salvaje, ellos mismos se convirtieron, inmediatamente después de asumir el gobierno, en los protagonistas de una lucha feroz por el control del poder. Ésta, claro está, ya es otra historia.

En las páginas de este libro he tratado de reconstruir la historia política de una década cuyo rasgo distintivo fue la intensidad de los conflictos que desgarraron trágicamente la sociedad argentina.

BIBLIOGRAFÍA

Anguita, Eduardo y Caparrós, Martín: *La Voluntad: una historia de la militancia revolucionaria en Argentina. 1966-1973*, tomo I, Buenos Aires, Norma, 1997.

—: *La Voluntad: una historia de la militancia revolucionaria en Argentina. 1966-1973*, tomo II, Buenos Aires, Norma, 1998.

Ayres, Roberto: "The social pact as anti-inflationary policy: The Argentine experience since 1973", en *World Politics*, vol. XXVIII, n° 4, julio, 1976.

Botana, Natalio; Floria, Carlos, y Braun, Rafael: *El régimen militar, 1966-1972*, Buenos Aires, Ediciones La Bastilla, 1973.

Brenan, James: *El Cordobazo*, Buenos Aires, Sudamericana, 1996.

Cámpora, Héctor: *El mandato de Perón*, Buenos Aires, Ediciones Quehacer Nacional, 1975.

Canitrot, Adolfo: "La experiencia populista de redistribución de ingresos", *Desarrollo Económico*, vol. 15, n° 59, octubre-diciembre, 1975.

—: "La viabilidad económica de la democracia: un análisis de la experiencia peronista 1973-1976", *Estudios Sociales*, n° 11, mayo, 1978.

Cantón, Darío: *Elecciones y partidos políticos en la Argentina*, Buenos Aires, Siglo XXI, 1973.

Cantón, Darío: *La política de los militares argentinos. 1900-1970*, Buenos Aires, Siglo XXI, 1970.

Corradi, Juan: *The Fitful Republic: Economy, Society and Politics in Argentina*, Boulder y Londres, Westview Press, 1985.

Correa, J.: *Los jerarcas sindicales*, Buenos Aires, 1974.

Crawley, Eduardo: *Una casa dividida: Argentina, 1880-1980*, Madrid-Buenos Aires, Alianza, 1989.

De Pablo, Juan Carlos: *Política antinflacionaria en la Argentina. 1967-1970*, Buenos Aires, Amorrortu, 1970.

De Riz, Liliana: *Retorno y derrumbe: El último gobierno peronista*, México, Folios Ediciones, 1981 (2ª edición, Buenos Aires, Hispamérica, 1987).

De Riz, Liliana y Torre, Juan Carlos: "Argentina since 1946", en Leslie Bethell (ed.), *The Cambridge History of Latin America*, Cambridge University Press, vol. VIII, 1991, págs. 73-194.

Delich, Francisco: *Crisis y protesta social: Córdoba, mayo de 1969*, Buenos Aires, Siglo XXI, 1973.

Di Tella, Guido: *Perón-Perón, 1973-1976*, Buenos Aires, Sudamericana, 1983.

Di Tella, Guido y Dornbusch, Rudiger (eds.): *The Political Economy of Argentina, 1946-1983*, Londres, MacMillan Press, 1989.

Díaz Alejandro, Carlos: *Ensayos sobre la historia económica argentina*, Buenos Aires, Amorrortu, 1975.

Dorfman, Adolfo: *Cincuenta años de industrialización argentina, 1930-1980*, Buenos Aires, Solar, 1983.

Ducatenzeiler, Graciela: *Syndicats et politique en Argentine, 1955-1973*, Montreal, Les Presses de l'Université de Montreal, 1980.

Ferrer, Aldo: *Crisis y alternativas de la política económica*, Buenos Aires, Fondo de Cultura Económica, 1977.

Filschman, Guillermo: *La renta del suelo y el desarrollo agropecuario argentino*, Buenos Aires, Siglo XXI, 1977.

Floria, Carlos y García Belsunce, César: *Historia política de la Argentina contemporánea, 1880-1983*, Madrid, Alianza Universidad, 1988.

Gazzera, Miguel y Ceresole, Norberto: *Peronismo, autocrítica y perspectivas*, Buenos Aires, Descartes, 1970.

Gerchunoff, Pablo y Llach, Lucas: *El ciclo de la ilusión y el desencanto. Un siglo de políticas económicas argentinas*, Buenos Aires, Ariel, 1998.

Gillespie, Richard: *Soldados de Perón. Los Montoneros*, Buenos Aires, Grijalbo, 1982.

Graham-Yooll, Andrew: *Tiempo de tragedia, Cronología de la Revolución Argentina*, Buenos Aires, Ediciones de la Flor, 1972.

Halperin Donghi, Tulio: "Una nación para el desierto argentino", en Halperin Donghi, T. (comp.), *Proyecto y construcción de una Nación*, Caracas, Ayacucho, 1980.

—: *Argentina. La democracia de masas*, Buenos Aires, Paidós, 1972.

—: *La larga agonía de la Argentina peronista*, Buenos Aires, Ariel, 1994.

Hernández Arregui, Juan José: *La formación de la conciencia nacional (1930-1960)*, Buenos Aires, Plus Ultra, 3ª edición, 1973.

James, Daniel: *Resistencia e Integración. El peronismo y la clase trabajadora argentina, 1946-1976*, Buenos Aires, Sudamericana, 1990.

Jelín, Elisabeth: "Huelgas en la Argentina", *Revista Mexicana de Sociología*, n° 2, abril- junio, 1978.

Kandel, Pablo y Monteverde, Mario: *Entorno y caída*, Buenos Aires, Planeta, 1976.

Kosacoff, B. y Aspiazu, Daniel: *La industria argentina, desarrollo y cambios estructurales*, Buenos Aires, 1989.

Lanusse, Alejandro: *Confesiones de un General*, Buenos Aires, Planeta, 1994.

—: *Mi testimonio*, Buenos Aires, Laserre, 1977.

—: *Protagonista y testigo (Reflexiones sobre 70 años de nuestra historia)*, Buenos Aires, Marcelo Lugones Editores, 1988.

Lúder, Ítalo Argentino: *El proceso argentino*, Buenos Aires, Corregidor, 1977.

Mallon, Richard y Sourrouille, Juan V.: *La política económica en una sociedad conflictiva: el caso argentino*, Buenos Aires, Amorrortu, 1973.

Mora y Araujo, Manuel y Llorente, Ignacio (comps.): *El voto peronista*, Buenos Aires, Sudamericana, 1980.

Murmis, Miguel y Portantiero, Juan Carlos: *Estudios sobre los orígenes del peronismo*, Buenos Aires, Siglo XXI, 1971.

O'Donnell, Guillermo: *El Estado burocrático autoritario, 1966-1973*, Buenos Aires, Ediciones Belgrano, 1982.

—:"Estado y alianzas en la Argentina, 1956-1976", en *Contrapuntos. Ensayos escogidos sobre autoritarismo y democratización*, Buenos Aires, Paidós, 1997, págs. 31-68.

Peter, G. Snow: "The classes bases of Argentine political parties", *American Political Science Review*, nº 63, (1), 1969, págs. 163-167.

Perón, Juan Domingo: *Juan D. Perón en la Argentina*, Buenos Aires, Vespa ediciones, 1974, pág. 95.

Piñeiro, Elena: *La tradición nacionalista ante el peronismo. Itinerario de una esperanza a una desilusión*, Buenos Aires, A-Z editora, 1997.

Potash, Robert: *El Ejército y la política en Argentina: 1945-1962*, Buenos Aires, Sudamericana, 1981.

—: *El Ejército y la política en Argentina: 1962-1973*, Buenos Aires, Sudamericana, 1994.

Puiggrós, Rodolfo: *La Universidad del Pueblo*, Buenos Aires, Crisis, 1974.

Ranis, Peter: "Peronism without Perón. Ten years after the fall (1955- 1965)", *Journal of Interamerican Studies*, nº 8 (1), 1966, págs. 112-128.

Rock, David (comp.): *Argentina in the Twentieth Century*, Pittsburgh, Duckworth, 1975.

Romero, José Luis: *Las ideas políticas en Argentina*, Buenos Aires, Fondo de Cultura Económica, 4ª edición, 1969.

—: *Las ideologías de la cultura nacional*, Buenos Aires, Centro Editor de América Latina, 1982, pág. 40.

Romero, Luis Alberto: *Breve Historia Contemporánea de la Argentina*, Buenos Aires, Fondo de Cultura Económica, 1994.

Roth, Roberto: *Los años de Onganía*, Buenos Aires, Ediciones La Campana, 1980.

Rotondaro, Rubén: *Realidad y dinámica del sindicalismo*, Buenos Aires, Pleamar, 1974.

Rouquié, Alain: *Poder Militar y Sociedad Política en la Argentina*, vol. I, Buenos Aires, Emecé, 1981.

—: *Poder Militar y Sociedad Política en la Argentina, 1943-1973*, vol II, Buenos Aires, Emecé, 10° edición, 1994.

Sánchez, Pedro: *El gobierno de Illia*, Buenos Aires, Centro Editor de América Latina, 1982.

Selser, Gregorio: *El onganiato*, Buenos Aires, Carlos Samonta Editor, 1973.

Senen González, Santiago: *Diez años del sindicalismo, de Perón al proceso*, Buenos Aires, Corregidor, 1984.

—: *El poder sindical*, Buenos Aires, Plus Ultra, 1978.

Sigal, Silvia: *Intelectuales y poder en la década del sesenta*, Buenos Aires, Puntosur, 1991.

Sigal, Silvia y Verón, Eliseo: *Perón o Muerte. Los fundamentos discursivos del fenómeno peronista*, Buenos Aires, Legasa, 1986.

Smith, Peter: "The social bases of peronism", *Hispanic American Historial Review*, n° 52 (1), 1972, págs. 55-74.

Szusterman, Celia: Frondizi. *La política del desconcierto*, Buenos Aires, Emecé, l998.

Terán, Oscar: *Nuestros años sesentas*, Buenos Aires, Puntosur, 1991.

Torre, Juan Carlos: "Sindicatos y trabajadores en la Argentina. 1955-1966" en *El País de los Argentinos. Primera Historia Integral*, Buenos Aires, Centro Editor de América Latina, n° 58, 1980, pág. 152.

—: *Los sindicatos en el gobierno peronista 1973-1976*, Buenos Aires, Centro Editor de América Latina, 1993.

Turner, Frederic y Miguenz, José E.: *Juan Perón and the Reshaping of Argentina*, Pittsburgh, University of Pittsburgh Press, 1983.

Villegas, Osiris Guillermo: *Políticas y estrategias para el desarrollo y la seguridad nacional*, Buenos Aires, Pleamar, 1969.

—: *Tiempo geopolítico argentino*, Buenos Aires, Pleamar, 1975.

Wynia, Gary W.: *Argentina en la posguerra: política y economía en una sociedad dividida*, Buenos Aires, Belgrano, 1986.

ÍNDICE ANALÍTICO

Díaz Colodrero, Mario 64, 186
Doctrina de Westpoint 33, 34, 44
Duarte de Perón , Eva 89, 97, 151, 157, 160, 168

Eloy Martínez, Tomás 166, 167
Encuentro de los Argentinos 101
ERP 102, 112, 134, 141, 146, 148, 168
Estrategia desarrollista 46, 87

FAA 162
Fanon, Franz 96
FAR 134, 140
Fautario, Brigadier Héctor 138
Ferrer, Aldo 88, 89
Formaciones especiales 76, 128, 148
FOTIA 49
Framini, Andrés 173
Franco, General Francisco 39, 85
FRECILINA 104, 106
FREJULI 120, 121, 122, 177
Frente de Izquierda Popular 120
Frigerio, Rogelio 104, 177
Frondizi, Arturo 14, 16, 17, 18, 19, 21, 22, 24, 29, 42, 54, 77, 101, 103, 104, 116, 117, 120, 131, 132, 177, 183, 185

Galimberti, Rodolfo 106, 107, 118, 131
Gamond, Eduardo 119
GAN 94, 105, 113, 139
Gazzera, Miguel 33
Gelbard, José 110, 129, 132, 134, 141, 148, 153, 161, 162, 163, 167, 169
Gelsi, Celestino 89
Gerchunoff, Pablo 131
Ghioldi, Américo 120
Gillespie, Richard 76, 128, 157, 168
Gómez Morales, Alfredo 163, 169, 170
Goulart, Joao 38
Grondona, Mariano 15, 17, 23, 26, 30, 32, 39, 85, 88, 165, 166
Guevara, Ernesto 96
Guglialmelli, General Juan 87
Guido, José M. 31
Guillán, Julio 164

Halperin Donghi, Tulio 30, 38, 94, 119, 145, 185
Herrera, Casildo 180
Hora del Pueblo 89, 91, 94, 98, 99, 132

Iglesia 68, 69, 185
Illia, Arturo 14, 16, 17, 18, 19, 20, 21, 22, 24, 25, 26, 35, 38, 42, 49, 85, 92, 93, 146

 **Paidós**

Si desea recibir regularmente información sobre las
novedades de nuestra editorial, le agradeceremos
suscribirse, indicando su profesión o área de interés a:

difusion@editorialpaidos.com.ar

Periódicamente enviaremos por correo electrónico
información de estricta naturaleza editorial.

Defensa 599, 1° piso. Ciudad de Buenos Aires.
Tel.: 4331 2275
www.paidosargentina.com.ar